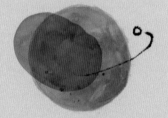

Cinyee Chiu———著

紐約金獎插畫家的自由生活提案

人生就求一次
如魚得水

目錄・Contents

Chapter 1
幸運的人

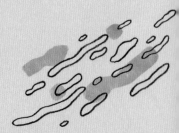

Chapter 2
重新設計人生

Chapter 3
自由人的生活方式

Chapter 4
啟動

喜歡創作的人，
有多少人能走上創作之路？

編輯小姐 Yuli

第一次看到 Cinyee 的作品，是她募資出版的繪本《青春之石》。書裝在紙袋子裡輾轉來到我手上，夾著一封由一位法官寫的字條，推薦我爸爸讀這本書。事實上，Cinyee 的父親和我的父親是大學法律系的同學，都是法界同業，這一點她本人應該不曉得。我知道在這樣高學歷家庭長大會是什麼樣子，乖巧聽話、功課好、擁有才華但僅被視為才藝，想必聽過很多次「畫畫不能當飯吃」「作家吃不飽餓不死」諸如此類的話語，雖然父母以自己的才華為榮，但並沒有鼓勵你以才華維生，類似像這樣的成長經歷。更要命的是，因為從小努力用功，最終獲得了亮眼學歷，想要轉行時反而綁住自己手腳，想抱怨時還會被酸言酸語。

我想很大一部分喜歡畫畫、喜歡創作的孩子，都有過類似的掙扎。那些國中時一起畫漫畫接龍、高中一起參加美術比賽的同學，有多少人真正走上了創作之路？難的並不是畫技或天賦，而是活在這個社會框架下還堅持走這條路。Cinyee 這本書說得非常直白，她是一位相對幸運的插畫家，畫風受到大眾喜愛，沒有苦熬太久便能穩定接案；而她先生因為畫風小眾，韜光養晦更久才嶄露頭角，她更提到自己收到教職邀請不在先生面前張揚、獎項入圍也不會喜形於色的體貼，因為丈夫並沒有如她幸運地得到這些機會。在這邊我讀到比插畫家職涯更細膩的部分：伴侶從事一樣的行業，其中一方的成果較為耀眼時，兩人該如何調適。身為一個創作者，在低落的時候沮喪很自然，但成功的時候能深切了解到除了自己的努力與天分之外，還因為擁有機運，因此能做到不卑不亢，互相欣賞與扶持，是 Cinyee 的故事中非常難能可貴的一部分，也是這樣的心態，才能將路走得遠，走得踏實。

　　我認為我很幸運，可以讀到 Cinyee 這本書。曾經參

與過一場創作者的聯合座談，其中一位創作者提到：「不要想那麼多，就做你喜歡的事，錢自然就會來。」我完全認為是無稽之談（畢竟在那次座談會，我代表的是「一邊上班一邊創作」類型的創作者），但如今我也成為自由接案工作者，開始有一點兒明白，而這本書補足了這句話所有的脈絡——你永遠不可能準備好，所以請馬上著手開始，全心投入經營，讓自己被市場看見，接著當然可以獲得與成果相應的報酬。事實上，在我掙扎於該繼續上班維持穩定收入，還是該直接全心投入創作時，有不只一個人勸我「當然該辭職全心全意做」，那時我覺得這話聽起來格外刺耳，好像當作家不食人間煙火，不用吃飯、付房租。回頭看當時的自己，會覺得刺耳是因為我對自己沒有信心，沒有信心自己踏出下一步，痛點被指出來當然很不爽。Cinyee 的書中分析了兩種類型的「入行」方式，一種人義務反顧一頭跳下懸崖，即使家人不支持、生活很艱困，還是享受著奮鬥的快感；一種人是踮著腳尖慢慢走進水裡，先從副業開始做，有了基礎後才逐漸轉移重心。

最難的就是下定決心，大部分的書只能幫助你直到你下定決心，而開始當個自由工作者後該怎麼規畫時間、有哪些軟體工具可以運用⋯⋯這些 tips 書中也已經傾囊相授了，如果提早看這本書（我已經算是很早看到的了），或許我只需要掙扎三個月，不須掙扎一整年。Cinyee 最讓我欣賞的一點，她並非自命清高的文青畫家，即使她沒特別說明，但可以見得她是有企圖心、有目標、有眼界的創作者。她不避諱地告訴大家，現在默默耕耘的創作者根本沒機會被看見，只有把自己當作品牌一樣行銷宣傳，才是在這個時代的成功之道，「你的東西如果沒有放在能被看見的地方，那沒人找得到你也只是剛好而已。」其中最中肯的就是「取一個有辨識度的筆名」，否則在搜尋引擎中注定會被淹沒，名字不用氣勢磅礡，但也不能平凡（例如小有名氣的模特兒藝名卻叫小白，除了聯想到寵物名字之外，搜尋下來就有一打以上各行各業的小白），而她選擇了本名稍作變化的 Cinyee，只要一搜尋 Cinyee Chiu 保證絕無僅有（順帶一提，我也是用本名 Yuli 創作，但本名許喻理更厲害，做過什麼糗事

根本無所遁形）。

　　在這個年代當一位自由接案的創作者不容易，一舉一動、一則貼文，都會影響到自己的「品牌」，能有這麼一本全方位剖析新世代插畫家工作的書本，真的非常感謝 Cinyee，同時也很感謝她的優秀成果，讓我老爸不會整天在那邊說：「我法律系同學的小孩都是律師／醫生／法官／檢察官……妳到底在幹嘛」云云，總之她在不知情的狀況下救援了我，真的是非常謝謝，真的。

　　最後我發現了，她在書中畫了宮崎駿《風之谷》的女主角娜烏西卡，象徵美麗、堅強、勇敢與力量。娜烏西卡是我從小到大唯一認同的「公主」，原來 Cinyee 也喜歡，想必我們能成為朋友。等等這篇文章交稿，我就要去加她好友。

（本文作者為圖文作家）

各界推薦

這本書為有夢的人播下種子，卻為追夢的人裝上翅膀。

——歌手、自由創作者／小球（莊鵑瑛）

如果你還對社會與環境所給的期待苦苦掙扎，Cinyee Chiu 的故事就像她筆下的插畫一般，也許可以給你一些想法、一個方向或一點勇氣，讓你成為自己人生的編劇，展開有趣又難忘的冒險。

——Fourdesire 創辦人兼製作人／陳威帆

自序

任由自己追尋想要的，
開啟了我的第二人生

　　每次停筆很久再回來，我都會想要把整本書再全部重寫一次。

　　這是第五次。

　　常常是今天好不容易寫了一小段，明天又想全部刪掉重來，往前走三步就要往後退兩步（有時候是四步）。冒名頂替者症候群要把我壓扁了，難以下筆的阻礙與重寫的衝動總來自同個質疑：我憑什麼寫一本書呢？我有什麼內容好分享給讀者？有價值到他們會願意掏錢買回家看嗎？

　　當圓神找上門的時候，我第一個反應是：「我寫書？沒搞錯嗎？不是畫圖？」長久以來，我一直認知自己是個不擅長文字的人，比較起來，我的大腦更擅長圖像處

理。在學生時代，國文總是一門拉低我平均分數的科目，我對自己中文的破爛程度真是「非常有信心」。然而對於出版社的邀請，我十分意外卻也覺得無不可（啊，真是心大），等開始動筆寫之後才漸漸了解我這是給自己挖了怎樣的一個坑。

這本書該怎麼定位呢？是自傳式的圖文書？還是勵志型的人物故事？前者，我好像……也還不算個人物。後者，我沒有很艱辛困難的背景，不是浴火鳳凰型的人。平心而論，我覺得我只是個平凡且幸運的人。

我是 Cinyee Chiu，一個自由插畫家。不是出 line 貼圖那種，是自由接案的那種。出過一本得獎繪本，畫過商品、桌遊、動畫、書籍插畫，得過些國際插畫獎項的那種。研究所在美國念插畫，但大學在臺灣讀的是經濟系，是常見的轉換跑道成功的例子。在二〇一七年到二〇一九年間，我一邊在世界各地旅行，一邊接案工作，整整流浪了一年半，玩了整個南美、大部分的歐洲，還沾了一點非洲。成為自由插畫家以來，我每天都過著工作與生活都非常自由自在的日子。我想，如果讀者會對

我有興趣，必定是因為我過得太爽了。

對，我是怎麼過這麼爽的？

如果照著我大學時的人生軌跡繼續走下去，我現在的生活一定不是長這樣的，估計會是朝九晚五，每天期待週末的月薪人。但我沒有走往那條路，在當時發生了點覺醒般的轉換，那個機緣讓我在這輩子開啟了第二次的人生。

於是我知道這本書該怎麼寫了。

我想跟大家分享，從大學畢業以來，因為開始任由自己追尋想要的，我的人生一路上逐漸產生的轉變。

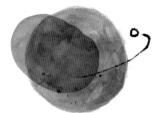

Chapter

1 —— 幸運的人

我渾渾噩噩地繞了一圈遠路，
幸而最後仍有機會更接近自己。

01
漂亮的人生大轉彎

　　如果人生是一張逐漸展開的地圖，在我開始主動追尋的那時，出現了一個明顯的轉折——時間證明改道後是一條康莊大道。

　　如果問問二十歲的我，十年後的自己會是什麼樣子，我的想像一定會跟現在的事實差十萬八千里。我大概會回答：「工作穩定，應該是管理階層，又或許出國念了兩年商管碩士。結婚兩三年，應該已經有了第一個孩子，也買了房，並開始付房貸，或許買在臺中，或許臺南，總之在臺灣。雖然收入穩定，家裡主要經濟收入還是靠老公（我沒對自己有「很會賺錢」的期許）。畫畫的興趣呢？還是會畫，大概就時不時放網路上分享那樣。」

　　好吧，就是個很普通的人生，我也沒太多想像力，老實說，這也是參考其他人的人生來的。

我現在三十一歲，是出國念了兩年的書沒錯，念的卻是插畫。做為自由插畫家已經第三年了，作品跟事業都算成熟穩定，客戶遍及全球，歐洲、美洲、亞洲都有，接過各種類型的插畫案子。自由接案的工作模式讓我有充分的時間與空間的彈性，我能睡到自然醒、能在家穿著睡衣工作——這個「家」可以在世界各地，因為有很長的一段時間，「家」是我們旅途中的 airbnb。對了，我還嫁了個哥倫比亞的老公，還沒確定未來在哪裡定居，但很可能不是臺灣。

　　這樣告訴二十歲的我，我肯定不會相信，這什麼神發展？哪有這麼夢幻？

　　嗯，是比二十歲時的想像有趣多了、立體多了。而且我可以很篤定地說，這是我 Cinyee Chiu 的人生，不是誰的複製貼上。

　　這樣完全意料之外的人生，到底是從何時開始、又如何發展出來的呢？

　　若要以一句話結論，那便是因為我開始做自己想做的事。

好學歷才不是找工作的一切靈藥

　　從小到大的學生生涯，我一直都是個「好學生」。認真讀書，以考試高分為目標，家裡三個孩子中，我是最讓父母省心的那個。雖然從小就對美術表現出興趣，國中開始自己會塗塗畫畫，卻一直很有「自知之明」地將畫畫當作純粹的興趣。

　　那當然，靠畫畫維生不是吃不飽餓不死嗎？上了大學後自覺應該開始為未來做打算，更是停筆了四年沒畫畫，認真念書。那時將自臺大醫學系畢業，畫畫又超強的前輩視為偶像，覺得以後能像前輩這樣就圓滿了，有在賺錢又有社會地位，空閒時還能持續產出高質量的圖，真的是各種崇拜。但繼續畫畫之前，首先我得先有個收入不錯的穩定工作。

　　真奇怪啊，為什麼會有這樣的想法呢？想做什麼為什麼不直接去做呢？想要畫畫還要依附於「有其他工作」的前提之下，表示「工作」的意義只在賺錢養家、養自己吧？

「難道不是嗎？」如果你是這樣想的話，請再問問自己一次：「目前的工作與生活還滿意嗎？」因為你可能還要再工作個三、四十年呢！不是因為成就感、不是因為喜歡、不是因為能創造自己認同的價值，單純靠賣時間賺錢的工作要撐這麼久太苦啦！

　　不過這個概念對於還未進入社會的學生來說，是比較難深入體會的。「理想工作」對於當時還是學生的我來說，定義可能更接近於「錢多事少離家近」，至於實際上是在做什麼不是最重要的，如果剛好能有些社會地位更好。

　　因此我讀了經濟系（其實如果考更好的話，會去念財經），要工作的話出路廣，要深造的話底子穩，臺大學歷也漂亮，進可攻退可守，算是保守的安全牌吧。簡單來說，還是學生的我根本沒有認真想過以後要做什麼工作，反正船到橋頭自然直，從小到大一直是這樣的。社會環境也普遍給予一種暗示 ——「認真讀書考上名校就能得到理想工作」「有漂亮的學歷，到時候就是你挑工作，不是工作挑你」，好像學歷好就是一切的解答。

才怪咧，到底是誰給你這樣的信心啊？妖言惑眾。

我到大學快畢業，「找工作」成為迫切問題的時候，才恍然這個「學歷百靈藥」根本是謊言，我怎麼覺得這些工作都不是我想要的呢？「好好讀書」跟「未來找到理想工作」之間的關聯性竟意外地低，這個騙局揭露得真遲啊！我的理想工作究竟要有哪些條件，什麼工作可以讓我發自內心地覺得「好想工作！」這些問題我才終於慢慢開始琢磨。

結果一琢磨就越來越偏離本科啦！大學畢業的我發現相關科系的工作我半個都沒興趣，聽到進入金融界工作的朋友真心喜歡自己的選擇，每天忙碌且充實，收入又多時，我真心羨慕，他能找到自己想做的事，做的與所學還一致，真好啊。但我真的對銀行業提不起興趣。

不想面對無聊的工作市場的同時，在停筆四年後，我又開始畫畫。畢業後將近一年的時間，我一邊投履歷打發父母，一邊累積作品。例如一些儲備幹部、聽起來就像「我也不清楚要做什麼，但進去之後再說吧」那樣的職缺。可是很顯然的，假裝的熱忱騙不了人，面試官

們總能察覺出其中的不對勁並把我刷下。後來是等到爸媽終於受不了了，覺得我要錯過新鮮人的保鮮期了，在「端茶小妹也可以啦」這樣的話說出來後，我才開始找畫畫相關的工作。

雖然這時還是在等別人發給我「許可權」，總要到父母「允許」我可以不找「正經工作」，我才敢動，但這總算是我的地圖上，開始往畫畫方向偏移的第一步。

做自己，彷彿讓我再次重生

開始換方向找工作後，我很快地被一家獨立遊戲公司雇用。老闆從我生嫩的作品集中看出潛力（我暗自覺得老闆心臟很大顆），我開始做遊戲 2D 美術、畫角色、畫遊戲介面等等，一做就是時光飛逝的三年。這段期間我也慢慢摸索自己想做什麼，從大範圍的畫畫設計，一直收斂到動畫插畫，最後決定留學學插畫，在遊戲公司工作的最後半年多，我在朋友的推力下，開始準備學校申請。那時候比起需要錢，我更需要時間，老闆也很慷

慨地批准了我在家工作的要求，按時計費。

　　出國念書前，聽聞視覺設計畢業的朋友說，學生生活就是沒日沒夜地畫。我當時覺得超期待的，而實際開學後的我確實是畫得沒日沒夜，但超過癮！對於曾經停筆四年的我，對自己一直略感歉疚，所以在留學的時候就統統一口氣補回來！好好享受每一個細細雕琢畫面、細節的時刻，享受花一兩個小時只是在微調選色、享受研究新的技法、享受努力達到自己能滿意的畫面，然後因為眼界提高了，所以對同樣的作品感到不滿意，但接著又畫出自己能滿意的結果，然後重複。

　　為什麼做這麼美好的事情也稱作是「學習」呢？我感覺自己像終於被放進正確土壤的種子，拔竄成長；像是終於進了水裡的魚，驚喜地體驗從前無法想像的悠遊自在；像是終於燒到乾柴的火苗，恍然了解原來之前爬過的都只是濕土。

　　我被猛然點亮，忽然感到濃烈地活著。

　　感受到這個體悟的當下，我又重新誕生了一次。

　　這時候我的地圖路線已經明顯地改道，開始篤定往

前邁進。在感覺切進了我的人生「正軌」之後，我前進的速度越來越快。

　　「雖然才剛起步沒多久，但我知道繼續畫下去，會讓我越來越耀眼，因為我已滑進人生的正軌。在這軌道上如果無法通往耀眼的自我，沒有其他軌道更能帶我趨近那裡了。」二〇一七年我剛從插畫學校畢業沒多久，還很嫩的時候，在網上分享從經濟系轉插畫跑道的經歷時是這樣寫的。

　　而現在的我已經替許多國際客戶畫過插畫，在臺灣有更多人認識我，並且參與過第二十九屆金曲獎的動畫繪製，還得到了紐約插畫家協會二〇一八年廣告類的金獎！

　　所以這是一本「你應該做你自己」那樣老生常談的書嗎？大概吧，我也覺得「做自己」好像都聽到爛了，但切身地在自己身上驗證了一回，一個人生漂亮的大轉彎，我深刻地被說服，並且打從心底希望你也有機會感受到這份自在的快樂。

02
重生不一定得來自谷底

　　我知道這邏輯上並沒有很通，但大概是從人生谷底中爬上來，最後逆轉勝的勵志故事看太多，我曾經荒謬地覺得是不是非得要有重大的人生挫折，才會有重新調整人生方向的契機，好像要有大破才有大立，要先否極才能泰來。

　　看看賈伯斯也是先被自己創辦的蘋果開除，之後才強勢回歸更上一層；J.K. 羅琳在出版《哈利波特》前既是單親又一直被書商拒絕；李安成功前，靠妻子賺錢養家了六年；連幾米也是在癌症的休養期間才重新開始畫插畫……

　　將入社會的我想著：可是我的人生過得很順利耶，怎麼辦，是不是沒機會了？人家是跌倒後爬起來，我也想爬起來，但我甚至還沒跌倒。

雖然屬於人稱的「人生勝利組」族群，但我卻感到十分心虛。總有種被困住的感覺，好像穿著不合身的漂亮衣服，卻因為世人普遍的審美觀而不敢換下。我覺得我不在自己的位置上。

　　老實說，雖然臺大學歷對現在的插畫事業一點幫助也沒有，拿出來講好像還會被人當成「自以為高材生」，但我還是不避諱提及自己擁有臺大學歷這件事，是因為我知道很多人其實會被高學歷綁架，因而不敢從事自己真正想做的行業。這太容易發生了。

　　印象中曾經看過一篇文章，點破一些名校學生的困境：只因為在學科方面特別擅長，在升學體制中，自然而然地爬到高處，但名校光環反而是個壓力，創業以外的就業選擇越來越窄（因為人家可能會說：「都已經是從名校畢業了，怎麼能去做這麼『掉漆』的工作？」）乍看好像因為優秀，所以有更多選擇，實際上卻變得更綁手綁腳。

　　聽起來有點像炫耀般的無病呻吟，卻反映了很多人的掙扎。比從建中畢業卻上了三流大學更令人唏噓的，

是從一流大學畢業卻做沒錢、沒地位、沒價值的工作，彷彿一旦進了名校的門，我們就沒有退路了。

這輩子其實就是你的下輩子了

被重挫後出現的重生機會是合理的，因為當人一無所有時更不怕失去，反而更能做出最遵從本心的決定。一帆風順的人要顧慮的東西卻多上許多，掉頭的成本跟風險也更大。每個人承擔風險的能力不同，有些人甚至只要狀況還過得去就會抗拒改變。

「反正現在也沒有太糟嘛！」「雖然不是最滿意的，但之後再說吧！」這樣安慰自己的情況很熟悉吧？雖然工作很辛苦、錢不多、老闆難搞又要加班，你身邊是不是也有喊說要離職，結果喊了五年，卻因為等年終、等三節獎金，而一年拖過一年的朋友？或是雖然感情不是高度相合，但因為也沒什麼大爭執，所以遲遲分不了手，年紀到了便論及婚嫁的對象？

「將就」是很常見的選擇，以上面的例子來說，這

讓就業或成婚的可能性大了很多，但同時也讓人更有可能困在一段沒什麼大問題，卻離滿分還有一段距離的選擇裡。為了避開可能產生的損失，這是完全可以理解的迴避心理。

然而妥協將就地過日子，生命是會慢慢被消耗殆盡的。

被動地順著流向走的話，一不注意就會在從眾的路上越走越遠，逐漸步入陷阱中而後知後覺。「我希望我追求自己的夢想和抱負，而不是別人對我的期望。」這是老年人的後悔清單中最常見的項目之一。

以前，在二十歲出頭的我，對人生的掌握是非常被動的，總是因為「被逼迫」，而後付諸行動。

因為升學要考試所以念書，因為爸媽希望我走什麼方向而決定主修科系，因為系女籃人數不夠而去充數，大部分的行動並不是因為自己強烈地想要什麼，更傾向於因為別人需要什麼或期望什麼。某種程度上來說，我很長一段時間是「為別人而活」。省事之處是我幾乎不用煩惱要做什麼，反正別人都替我想好了，而我也有能

力達成。缺點也顯而易見：我或許會有個「順利」「令所有人滿意」的人生，但永遠都不會是我的人生。

我會像從做餅乾的烤模上扣下來那樣，成為模板的形狀。好不容易投胎為人一回了，得到上人生舞臺演出的資格，而一生這麼長又這麼短，長得讓我想像，若一輩子就只能當個烤模餅乾，就頭皮發麻，短得讓我覺得若不隨心過活，簡直太浪費好不容易才得到的演出機會。

抱著「這輩子遲了，下輩子吧」這樣想法的人，你上輩子也說了一樣的話呢，而忘了一切的下輩子的你，或許還是會繼續同樣的想法。這輩子其實已經是下輩子了，每次上臺都當烤模餅乾，這樣有意思嗎？

不管在哪個位置，你隨時可以轉換方向

我天生不是一個非常勇敢的人，所以才有了二十幾年為別人而活的經歷。好消息是，勇氣跟信心這東西是可以靠練習得來的。曾經的我也是重大決定都需要別人給予「許可權」的人，申請學校需要朋友推一把，連離

開一段關係都要等待大衝突，我的「大破」一直是被動的等待，「被人逼著大破」才帶來了「大立」。現在我清楚感覺到自己的人生掌握在自己手裡，我的意願是決定我人生方向最重要的因素。

我理解從人生低潮中爬起來的故事之所以吸引人，是因為正在人生低潮的人很需要這樣的希望。我沒有這樣的經歷，自然也不能說這樣的故事，只是我相信卡在不上不下位置的人，絕對不比在谷底的人少。而這些人，甚至可能還沒認知到自己正在錯失些什麼。

誠然，在谷底之人已經沒什麼可以丟棄了，不會再更糟了，於是可以無顧慮地面對自己。但不上不下的人，乍看是擁有得多一些，可是這個「擁有」卻未必是財富，如果這擁有不是自己想要的，可能還是個障礙，因為這份「擁有」，使得放棄的成本變高。在兩個可能的選擇中，被放棄的選擇則為機會成本。

若說追求夢想的代價是放棄現有的穩定生活，那選擇現有生活的機會成本則是你實現夢想的可能。

舉例來說，雖然你現在可能有份令你難以放棄的工

作，但如果這份工作無法帶給你快樂或成就感，甚至還需要你付出身心健康的代價，與其將之視為「擁有」，不如將之視為一種「持續性損失」。若換個角度看，或許你會更願意放手一搏，離開這份工作，另謀生路以求「停損」。要是雙手緊緊握著所擁有的，不鬆手的話，又哪來的空手接收更大的禮物呢？

於是問題來了：你很滿意你現在的生活嗎？值得為此放棄夢想嗎？

當害怕「錯過自己的人生」大過害怕「失去現有的」，重生的契機就來了。

後來我才了解，重生跟在人生的高峰、谷底、還是哪個位置都沒有關係，全跟心念有關。有多想做自己想做的事？多想活出自己的人生？有多信任自己可以辦到？（令人開心的事實是，我們的確可以。）不需要被動地等待命運逼迫而做出改變，如果明知道船的航向不對，不用等到抵達錯誤的目的地，或是終於觸礁了才掉頭。我們隨時能調整方向，掌舵的本來就是我們自己。

03

重要而不緊急的任務

　　在德國科隆停留的一個禮拜，我們借住一位跟我同齡的德國朋友家。

　　聊到教育的時候，她認為，學校教的學科實在太不與時俱進了，應該要教些民主、全球暖化等更切合這一代人需求的內容。我也同意現有的學科很不實際，就臺灣的教育來說，國中上的內容或許還是基礎常識，但老實說，高中很多再深入一些的物理、化學、數學等科目，相信畢業後都「還」給老師了，對生活也不見得會造成什麼影響。其實以數學來說，我連一般的加減乘除都會仰賴計算機，而且生活上大部分的需求，會加減乘除就夠了。但反而很多真正會影響生活、能夠提高國民素質的常識和知識，學校不教。老實說，或許教初級程式編

輯都比物理、化學實際，最少可以加強人民對於網路安全的意識（這對網路成癮症普及化的現在多有用啊！）

我認為臺灣當下的教育確實是與實際需求脫節的，大部分的人考完就忘，說是為了考試而存在的知識也不為過，這讓我不禁想起古代的科舉與八股文，純粹為了通過一關關鄉試、會試、殿試，而練就一身能文能武的功夫，和現在為了通過基測、學測、指考而練成的答題搶分技術有什麼差異？如果我們覺得八股文空洞迂腐，讓人只會考試不會做事，那為什麼不覺得升學體制與現有學科是在浪費我們的生命呢？

你曾經思考過「未來想做什麼」嗎？

「了解自己想做什麼」是非常切身的主題。而現行教育到底效益多大，最簡單的方法便是看看現在有多少人所在的行業與大學所學的不符、多少人畢業後便將所學都還給老師。

如果年輕時，大家都能摸清方向，不只節省了個人

的時間，也是減少教育資源錯置的浪費。為什麼讀了四年大學的意義就在於確認自己不想走這條路？

但事實是，每天七點半到校，五點多放學，匆匆吃過晚餐後再繼續上補習班到九點、十點的學子們，還真的沒什麼時間思考「我想做什麼」這麼不緊急的問題，因為比這更緊急的是下週的考試、下個月的考試、明年的考試。

至於什麼時候有時間思考這個問題呢？當前面再也沒有考試的時候。所以這麼多年輕人一離開校園，立刻陷入困頓與茫然，就像科舉一路破關斬將考到頂的進士終於鬆了一口氣，緩了緩才發現其實自己想從商。

查資料的時候我翻到二〇一八年遠見與 yes123 求職網的合作調查，報告指出大學生畢業後有六成覺得學非所用，但卻有六成左右的碩士生反而認為學以致用，理由也很容易想像：高中畢業的孩子大多還不知道自己想做什麼，而大學雖然不是義務教育，但在人人都有大學學歷的現今社會，「不讀大學」似乎不會被列入考慮的選項當中。在這種情況下選的科系，要符合未來職涯規

畫，簡直跟抓周一樣隨機。但碩士就不一樣了，跟學士比起來，碩士畢竟還是少數。決定要念碩士的人，更可能是有好好思考過想要繼續往這條路深造的，自然在畢業後更有可能留在與所學相符的產業裡。

那麼，我們有沒有辦法把決定碩士要念什麼系所的餘裕，往前挪到決定大學科系的時刻呢？

要做到這件事，我覺得有個觀念一定要搞清楚：教育跟學校學習是兩件事。

什麼才是對學校教育而言，最重要的事？

不要讓上學干擾了你的教育。

—— 馬克‧吐溫

如果看這本書的你還是學生，請一定要驚醒，學校學習干擾教育正是升學主義當道的現今社會常見的現象。你得為自己的教育把關。

「你想要怎樣的人生？」

這樣的問題，你認真問過自己了嗎？這個問題的隱藏含義，是你「擁有決定自己人生方向的權利」，如果你沒得選擇，那根本就不必問了。然而臺灣教育體制的設計以及社會期待的壓力下，並不鼓勵年輕人思考自己真正想要什麼，甚至不讓年輕人相信他們可以選擇想要什麼樣的人生。

比起前進的速度，先確定方向明明是優先該做的事，而人生這麼多可能性，又哪是國英數自社能涵蓋的？現實生活中遇到的問題，又豈只是選擇、是非、簡答題？有目標的船長是航行者，沒目標的船長是漂泊者，你都還不知道自己要去哪，漂泊這麼快幹嘛？

Billie Eilish 的音樂風格獨樹一格，我跟我老公都很喜歡。有天老公告訴我他看了一個採訪報導，裡頭提到 Billie 的爸媽沒有讓她去上學，而是讓她自己在家學習（哎呀，多不信任教育體制啊！）他們只確保一件事：孩子想學任何東西，他們都提供資源。於是 Billie 小小年紀便會跳舞、寫歌、作曲、唱歌，在十四歲這麼小的年

紀出道，然後在兩三年之內竄成 Instagram 擁有數千萬粉絲的成功音樂人。

十四歲啊，一般去上學的孩子那時在幹嘛呢？每次我聽到有人說「才大學畢業這麼年輕，不知道自己要幹嘛也是很正常」的這種論調，我都會覺得那是因為在大學畢業以前的時光，都沒有被拿來好好思考和探索自身啊！如果早點去摸索，二十年的年歲，要說不夠就有點過分了吧？

我理想中的教育，「協助學生找到自己有興趣的方向」是重要且優先的一件事。我很幸運地有了明確的興趣，但許多人沒有。而學校教育沒辦法幫一把就算了，還用一堆瑣碎而不重要的事占去學生的時間與心力。

是的，不重要，如果在學期間大量的訓練是為了在升學考試時多拿點分的話。

然而偏偏這樣的事因為急迫性，例如一波接著一波的考試，常給人重要的錯覺，容易騙到我們大量的時間，還以為自己做了很多事；而沒有時限的事，例如替自己找方向，就容易被拖延，但偏偏又逃不過，總有一天會

以燃眉的急迫程度到你面前——或許是終於必須找一份工作了，又或許是長期被消耗的自己開始出現憂鬱症跡象了。

你想要怎麼樣的人生呢？

你想過怎樣的生活？你希望為世界帶來什麼樣的價值？你希望看到這世界有什麼樣的改變？

奇妙的是，光是想像你想要的未來、在腦中模擬出的畫面，就會像走在一條充滿迷霧的道路上時，將光聚往一個方向，而那個方向的路就會變得稍微清晰一點，你的人生就會更靠向那條路一些。

認識自己需要時間，但不是光等就好，「自己」是在一次次摸索中捏出來的，是個偷懶不得的過程。歐美行之有年的空檔年（gap year）文化，鼓勵高中畢業上大學前，或是大學畢業入社會前的年輕人，花一年的時間去旅行、實習、當志工、體驗不同文化、認識自己，準備好自己，明確下一階段的目標。我覺得滿好的，即便

沒有一年的完整時間也無妨，請試試不以考試成績為動機，不受他人期待影響地去學習、嘗試各種可能性。這個羅盤定位的工作，不是單靠學校教科書就能指引出來的，期待從教科書中找到一條路，就像想從十二星座中找一個星座代表自己一樣。固定的選項無法也不可能概括所有人的合適位置，更別談現在流行的斜槓多元生活模式。人可以有複雜多元的面向，單一職稱或學歷不再足以定義一個人。

反正別想偷懶地等著從別人給的選項中，挑一個出來代表自己就好，這件事沒這麼輕鬆簡單，因為人類那麼複雜。

我們無法決定教育制度及內容什麼時候能修改，可能也很難避開其他假裝很重要的瑣事，但我們可以有意識地及早面對重要但不緊急的任務。如果你發現自己也是被一堆瑣事絆住腳的漂泊者，你得知道什麼事更值得你付出心力。

拖延是避不掉這個課題的，我們只會從課業繁重的學生變成過度販售時間的上班族，從漂泊少年變成漂泊

青年，或是漂泊中年。

　　逃避也沒有用，如果不想繼續漂泊下去，還是得花許多時間來面對自己才找得到答案。

　　那你想要什麼樣的人生呢？

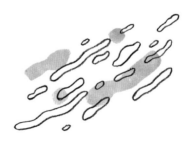

04

從自學殺出一條路

　　前面提到一點我對教育的想像，理想中的教育應能
協助孩子發展興趣、探索方向。但如果學校教育只能教
一件事，我希望是「自學的能力」。

　　對於有興趣的項目，可以有能力自己摸索出門道，
了解自己不用被動地等許可，而是當那位主動開路的人。
就像原來只會飯來張口的人，學校怎麼餵也就那幾道菜，
但如果教他菜市場怎麼走、菜怎麼買、刀具和鍋具怎麼
用、食譜怎麼找，那他就可以自己做出任何一道想吃的
料理。

　　因為興趣而主動發起的學習，動機比考試或應付作
業都來得更強烈，學得更進去，也學得更開心。幸運的
我們生在網路發達的時代，搜尋資源的成本很低，幾乎
什麼都能自學。

如何透過搜尋，找到資源？

我在出國念插畫以前，除了曾經跟過幾個月的油畫老師，畫畫的底子幾乎都是自學而來的。我曾在網路上分享過一篇「我如何自學畫畫」的文章，盡量全面性地說明如何利用網路資源學畫畫。該文收到很多正面回應，許多人留言告訴我，那篇文章對他們來說很有幫助，特別是想學畫但沒有任何底子的人。一開始分享那篇文章的動機，是因為收到不少關於如何學畫的詢問，在與人對談的過程中，我意識到許多人對學習的印象還停留在「要買什麼書？要上什麼課？」至於可以利用網路資源自學成材這件事，似乎不在他們的想像之中。

我很驚訝，如果無法想像畫畫可以自學這件事，他們必定連如何搜尋都沒有概念。所以該篇文章我難得先從「如何搜尋」開始寫起。你想學習的各種技術一定有相關合適的網站藏有大量資源，以畫畫來說，主要是 Youtube 和 Pinterest，光是免費資源就有挖不完的寶了……所以我在自學畫畫上還沒付過學費。其他技能也

是一樣，如果你要學程式大概不能錯過 GitHub，學語文一定得試試 Duolingo，諸如此類，不管想學什麼都可以找得到教學平臺，甚至連瑜伽和跳舞也能在網路上學。這整篇文章我其實沒寫任何關於畫畫的技巧，通篇都是怎麼找資源、有哪類資源可以找，然後多練習。

我不告訴你用什麼菜煮什麼料理，你只要知道菜市場的位置、有哪幾種菜、食譜哪裡抓，後面就是自己練習、熟能生巧了。

「有意識」地練習正是學習的要領

但我想反駁所謂「一萬小時成就專家」的論點。

以畫畫來說，知道你在練習什麼，有意識地練習，跟只在紙上重複地落下痕跡，同樣一小時的質量是天差地別的。如果你一直畫都沒有進步，很可能是你根本沒抓到學習的要領。

再來是心態問題。你想學一門技術，是想要調劑身心（也就是學開心的）？還是想當作是一個謀生技能？

如果是前者，那就沒什麼壓力，學得好不好都只是自娛娛人；但如果是後者，那你就得把自己跟專業人士擺在同一水平上審視。

　　Behance 大概是全球最大、最具專業水準的作品集網站，所有視覺相關的作品，不管是插畫、攝影、設計、產品、時尚等等，都在上面占有一個分類。我最早知道 Behance 的時候，他們已經吸引了各界水準最高的專業人士在上面刊登作品，我也經常上 Behance 逛作品找靈感，那時我其實對本科系的訓練一點概念也沒有，對於本科生該有什麼樣的程度也不清楚，我想像受過專業訓練的本科學生（專業訓練耶！）大概會像是在 Behance 上能見到的那種程度吧？於是我一直將 Behance 首頁的作品當成「我應該要能畫出這種程度」的對照，目標是自學達到本科生能達到的程度，當我的作品放在 Behance 的眾作品中，不該看出明顯的程度落差。

　　這個美麗的誤解我到很後來才解開，能上 Behance 首頁的不是「本科生程度」，而是「最頂尖的專家程度」。因為沒有接受過學校訓練，都是自學成才，儘管親朋好

友經常誇讚我的作品，但我並沒有很往心裡去。因為我的想法是，既然是親友，那他們說的好聽話恐怕得打折扣，何況許多親友又沒學過插畫，這樣的稱讚好像沒有堅固的基礎。直到我到美國學插畫的第一學期，第一次交課堂作業的時候，我驚訝地發現，我的程度竟在其他同學之上，甚至強過一些已經學了好幾年插畫的本科生，老師也很直接地表示我可以接案了，同學們也紛紛詢問我關於繪畫上的技巧。那時我才真正從「自認門外的沒自信」中脫離，逐漸建立起「插畫是我的專業」的信心。

　　這讓我想起一個忘記從哪裡看來的故事，大意是一個音樂家到一間小學探訪朋友，順便參觀了小學生的合唱班，孩子們表演的是音域超高、超廣的高難度曲子，他驚訝極了，說道：「難道這一整個班都是小天才？」朋友告訴他：「噓！他們都只是很普通的小學生……他們只是不知道這曲子很難。」簡直道盡我與 Behance 的美麗誤會。

　　說這段是想強調，你把自己擺在哪個參考點上，你便會被帶向相近的位置。

如果當初我早就明白 Behance 上都是專家，又剛好認為「自學是學不到專家程度的」，那我在畫出「能放在首頁作品而不遜色」的程度之前，可能就會因為自滿而停下腳步。但我卻因為不知道要到達那水準不容易，所以我吃力地磨出了這樣的技術。

　　最早讓許多臺灣人認識我的節氣動物系列，也是在留學之前便完成的作品，而我那時甚至還不敢自稱是插畫家，因為認為自己不夠格。

　　所有支撐我學習到這個階段的，只有免費的網路資源跟不斷地練習。透過自學達到專業的程度完全是可行的，甚至因為學習的動機不是「必須交作業」，而是「我想做得更好」，這樣的動力能夠帶你到更遠的地方。

　　自學是在不用脫離身處的系統之下，不論是學校或是工作，同時仍能為未來累積資本的方式。好多書告訴你要妥善利用上班前或下班後的時間投資自己，而比起去上課，網路自學在時間的應用上更為彈性。我還在遊戲公司工作的時候，曾有一段時間每天早起一個小時練習畫人體骨架、速寫、與朋友相互出題畫發想練習，都

是針對性的刻意練習，在出門上班前就已經累積了一小時的努力。

　　長此以往，積少成多，久了就成為足夠替你多闢出一條選擇的能量。

05
興趣能當飯吃嗎？

「興趣到底能不能當飯吃？」很多人在心中一定問過自己這個問題。

我覺得這個問題可以從三個方向討論：

> 1. 你對這個興趣的喜愛足不足以使你專精於此？
> 2. 這個興趣能不能夠帶來養活自己的收入？
> 3. 以興趣為業會不會讓其變質，而不再令人享受了？

半吊子的喜愛是撐不起職業水準的

　　第一點是在討論是否要以此興趣為業時的首要考慮。你有多喜歡這件事？非常熱愛還是有點喜歡？這可能會直接影響到你在專業技能上的造詣。如上篇所提，如果推你前進的力量是「因為喜歡」而不是「因為得交作業」，那你會更有動力學得更深、走得更遠，而最後能走多遠也跟你到底多喜歡成正比。

　　某一次我有幸到哥倫比亞一間學校出席一場講座，並向大家介紹插畫家這個職業。一個多小時的時間，我們讓大約是國中年紀的學生在臺下同時速寫（對愛畫畫的人來說，筆記跟塗鴉不總是一起出現的嗎？）講完後收集起來讓大家一起欣賞。讓我很驚訝的是，明明都是「考慮當插畫家」才來聽這講座的，大部分學生畫出來的程度卻比小學時的我還差（別誤會，我小學時只是個普通小學生），很多人的塗鴉基本上就是會講出「我不會畫畫」的人畫出來的。我沒誇飾，程度之差讓我不禁困惑：「你是真的想以這個為業嗎？」我身為一個半路

轉正的插畫專業人士，即便在未來志向未定的國高中時期，也是很開心地一直畫著，被喜愛推著成長，更別說有些我認識的同行，早早認定插畫這條路的，有人在國中時就已在網路上混出點名氣，並開始接案。我那時心想：「這群學生中，恐怕之後沒有一個會走插畫這條路吧？半吊子的喜愛是撐不起職業水準的。」

透過各種管道，靠本事吸引「眼球」吧！

如果你對興趣的喜愛足以支撐你達到專家的程度，那接下來你大概想知道——這或許是你最重要的考量：「這個興趣到底能不能帶來足夠養活自己的收入？」

如果是已有市場的技術型興趣，例如像我當個插畫家，那首先你得打磨技術，讓你的技術（若是插畫的話，還得要有特色）亮眼到就算被丟進一堆專家之中，客戶還是能從中發現你的價值，然後你就該進入市場了，一技之長保你餓不死，至於能吃多飽端看你的造化。也有可能你找的市場在臺灣規模太小，那你要嘛微調方向，

在喜愛的與能獲利的區間找交集，要嘛往外開拓，不要限於臺灣。

如果還找不到市場的奇怪興趣，那麼就要恭喜你生在自媒體時代。Youtube、Facebook、Instagram……現在社群網站這麼多樣，有個帳號就能向世界展示自己。過去想進入市場的人必須要有人領進圈，當歌手需要跟唱片公司簽約、插畫家需要有經紀公司、作家需要透過出版社才能出書，現在靠自己就能被人看見。

當然，社群經營也不是這麼容易的，但自己能掌握的部分光是從「不可能」變成「很難」，不就令人感到充滿希望了嗎？也多虧了各種自媒體管道，許多過去不曾想像的職業一個一個出現，像 youtuber 就是一個什麼專業都有的奇怪職業。

我有一陣子很愛配飯看日本大胃王木下祐香，她的興趣就是大吃，每支影片都是她做大分量料理並吃完，就是這樣的吃貨頻道如今也破五百萬追蹤了。你的興趣比大吃更奇怪、更難賣嗎？就看你有沒有足夠的本事吸眼球吧！

如果你是還沒決定未來的學生，建議去相關產業實習打工，或訪問已經在相關產業中的前輩，先了解看看，不要憑想像做決定。就算是念了相關科系的人都不一定真的了解產業了，何況你可能連專業都還沒學過的呢？

　　總之，不管是已有市場的興趣還是太奇怪的興趣，如果對能不能賺取足夠收入支撐自己而感到存疑，你也可以在工作之餘，慢慢經營副業。誰說一定要辭職埋頭猛衝呢？為了穩定收入，保留正職工作，同時開發副業與額外收入，當副業成熟了你也可以放心地投入了。這部分的策略各有各的說法，我們後面文章進一步討論。

如果真的喜歡，就別怕去做

　　興趣該不該當飯吃，最後的問題主要是擔心現在如此喜歡的興趣，一旦變成了賺錢工具，是不是就會失去享受感而讓人厭惡了？我也曾經這樣憂慮過，但以結論來說，我真是太慶幸自己並沒有從事一個只為賺錢的職業，然後在下班後才畫畫。

興趣成為工作後一定不會再是純粹的享受，這是必然的，但依我之見未必不好。我覺得職業跟婚姻有很多相似之處，都占了人生很大一部分，選對選錯都對生活品質帶來很大的影響。

以自己喜歡的事情為業，大概就像跟自己喜歡的人結婚一樣。婚前和婚後的愛情一定有變化，婚前可以無限浪漫、單純享受，婚後則對彼此與家庭有了責任；婚前跟男友討論去哪約會吃喝玩樂，婚後跟老公得討論柴米油鹽。難道從情人到家人就不愛了嗎？不是吧。

而以興趣為業也是這樣的，從前這件事情讓你開心，現在除了開心以外你還多了義務與責任，你得靠這件事賺取收入。從前的我就只畫喜歡的題材，想畫的時候畫，開心就好，現在則是會因為客戶的需求，而接觸到不同題材，在各方面更深更廣地，增進自己畫畫的能力。

一定比過去更有壓力，但因為喜歡做這件事，在克服挑戰、增進能力的同時，也感到十分有成就感。「我把我的愛刀越磨越亮也越上手了」「我的武器是我的夥伴」這樣的滿足感，應該是鬧著玩的人無法體會的吧。

如果你很確認自己愛他，那就別怕跟他結婚，畢竟嫁一個你愛的人，跟嫁一個你不愛的人然後抓時間偷情，還是前者幸福多了吧（當然如果你覺得後者比較幸福那就另當別論。）

　　另外可能還有一些人，在考慮興趣能不能當飯吃時，以「這樣就無法純粹享受」來自我說服的，其實心底深處的真實想法是擔心「如果失敗了怎麼辦」吧？

　　因為害怕失敗而裹足不前，有可能是因為你並沒有真的很喜歡這件事，也有可能只是因為你很害怕改變，如果是後者的話，請把我前面的文章再看一遍，好好設想，如果這輩子就這樣過了，年老時的你會不會想著：「如果當時有試著……現在會如何呢？」

　　頭皮發麻了嗎？太好了，你現在還年輕呢，去試試看吧！

06
增加勇氣與信心的練習方式

　　前面提過，勇氣跟信心是可以透過練習得來的，那麼練習的方式呢？

　　先說結論：聆聽你內在小孩的聲音，重大決策要跟從你的直覺。

試著回想小時候做什麼事情最開心吧

　　我不曉得「內在小孩」算不算專有名詞，好像網路上不同的文章有不同的使用，但我想表達的是那個純粹、不受外界批判、影響的原始的你。

　　我認為一切技能都能透過學習與練習達到專業，但也相信每個人都有與生俱來的獨有天賦或偏好，雖然理論上你能從事任何職業，但不是所有職業都能令你感到

滿足和充實。

一般來說，個人獨有的天賦會在孩提時期較為明顯，或許是因為孩子還沒感受社會加諸的各種暗示與壓力，父母還沒來得及在他們身上投射自己的想像（為什麼家長總在孩子還小的時候，讓他們上各種才藝班，但長大後卻只期望他們當醫生、律師或精算師呢？）如果你對於自己的興趣是什麼都沒頭緒的人，試著回想看看小時候的自己做什麼事情最開心吧，因為線索可能會在那。

我很幸運地從小就有明顯的興趣、偏好。國小開始就特別喜歡畫畫，低年級之前，爸媽在家裡給我和兩個妹妹留了一面牆，讓我們在上面隨便塗鴉，印象深刻的還有紙娃娃遊戲，當時大人幫我們買美少女戰士，後來我們嫌棄紙娃娃的衣服選擇不夠，於是自己剪紙畫圖來做新衣服，最後連紙娃娃本身都嫌棄，從娃娃開始自己繪製，還設計了頭飾跟變換髮型的插卡，強化了更換鞋子的裝置，我們把錄音帶（啊！年代感！）的收納盒拿來當成蓋房子的牆，每一次玩都會是不同的房型，從小我就清楚地展現自己對視覺創意方面的傾向，我還記得

國小的時候，老師問長大後想做什麼，那時候我的答案是「畫家」，因為那是當時的我僅知可以畫畫的職業。

小時候這麼清楚的事，長大之後卻漸漸模糊了。畫畫變成偷偷喜歡的事，每次花時間在畫畫上我都隱約地感到心虛，因為我不該「浪費時間」，應該做「正事」、專注於課業。直到大學將結束，有個朋友念我：「要多畫畫，不要偷懶！」我發現自己的心底居然是感動雀躍的，像是內心的聲音終於得到回應，畫畫忽然成為了「正事」，反而不去做就是偷懶，這真是太翻天覆地了，我瞠目結舌，眼淚都要掉出來了。

那位朋友一定不曉得那句話是如何拯救了我，是怎樣的鬼使神差讓明明不該知道我曾經很喜歡畫畫的人，講出一句瞬間成為我的貴人的話。

聆聽你的直覺，相信它會是對的

我大概是從那個時候開始，慢慢地練習傾聽我內在小孩的聲音。我繼續畫畫、繼續創作、進入遊戲公司畫角色、畫介面、決定走插畫、申請上插畫研究所……一開始的步伐一定是不穩的，沒辦法，誰叫我忽略了這聲音這麼久呢？她的聲音還很微弱，我得聽得很仔細，每走一步，都需要認真感受她是否開心。

在大方向已知的情況下，我也嘗試了其他條路：我自學 After Effects，我想走動畫嗎？我嘗試排版、設計 logo，我喜歡平面設計嗎？我替遊戲畫角色，我喜歡畫遊戲人物嗎？我一步一步地確認方向，了解到自己是喜歡畫畫的，但比起成為技術扎實、客戶想要什麼都畫得出來的技術人員，我更想養出獨屬於自己、具識別度的畫風。於是在釐清自己的想法後，我決定走能自由發展風格的插畫，進入研究所後，更是一邊確認內心方向，一邊調整，放棄已經發展成熟的電繪，開始朝手繪邁進，進一步發展出現在的風格。

我記得曾經跟系主任有過這樣的一段對話。我問她：「通常做決策時，跟隨的是大腦還是心？」她很理所當然地說：「是心啊，一直都是心。」我很不好意思地說我來學習插畫之前的人生，幾乎都是用大腦居多，她用一種「那妳這種人怎麼會決定來念插畫」的眼神看我。

　　我天生是個大腦說話非常大聲的人。我比較擅長分析和整理資訊，大腦會覺得，利和弊都已經一條一條整理清楚給妳看了，妳還不知道怎麼做嗎？我的大腦就是這麼強勢，所以當我開始嘗試讓心領路的時候，心和腦總是發生衝突啊！但自從我開始練習聆聽直覺後，幾乎所有從心的決定都被證明是正確的，特別是重大決定。大腦可能是聰明的，心卻是智慧的。有些必須做決定的當下，以大腦的角度來看是很不合理的選擇，但勇敢從心之後都會收到很棒的回報。

　　我的職業如此，我的伴侶亦如此。

答案就在你心裡

「其實妳一直知道妳要什麼，而妳最終會到達目的地，只是如果聽從妳的直覺的話，妳會抵達得快一些。」我先生的姊姊曾這麼說過，我也完全認同，而說服我這點的人生經驗就是我花了這麼多年，試圖甩下畫畫，也曾經不明白自己到底要什麼，但繞了一大圈，最後還是回到畫畫了，而且有明確的「這才是我該走的路」的感覺。

我已經很明白我得寵愛這個內心小孩，她特別勇敢，她不知害怕為何物，她更清楚我該去的方向，她叫我往東我就不該往西……我或許會往西試試看，但最後總會被證明往東才是正確的，她是羅盤。我知道她已經比從前更強壯些了，但還是不夠，我得持續練習讓她發聲，她越強壯，我對做出來的決策越有信心。

你想做什麼呢？你喜歡做什麼呢？你在目前的位置感到彆扭嗎？你走了這一步之後滿心雀躍嗎？聽聽你的內在小孩想告訴你什麼，你的直覺就會告訴你該怎麼做。

詢問自己、回答、行動、確認反饋、重複。

像那句老話：「答案就在你心裡。」雖然是句老掉牙的話，但卻是真的。

當你總是往外找答案，其實都是在浪費時間。一開始可能不是太容易，不要緊的，太久沒鍛鍊的肌肉也是要經過一段訓練才會回到狀態，只要你持續練習，你就會越來越擅長聆聽自己的直覺，她的聲音會越來越清晰，你邁出的步伐會越來越穩，你會充滿自信地知道你走在對的路上。

這便是你如何能獲得勇氣與信心的練習。

07
所謂「常理」不見得有道理

　　我在想，「常理」是怎麼產生的呢？

　　來自生長的環境、社會的慣性、來自身邊接觸到的眾人，是某種後天習得的規則，是太過習以為常，以至於從來不曉得要去質疑的結論。或許用「常理」這個詞不是很正確，但我指的是那些被當成理所當然，但你卻從來沒有仔細思考過為什麼，或為什麼不的事。

　　社會上存有許多在什麼人生階段該做什麼事的觀念，像是女人三十歲前得結婚、出了社會的流程就該是賺錢、存錢、買房、買車、結婚生子，其他年齡的限制例如二、三十歲了才學英文就會學不起來，又或是三十幾歲談追夢太遲等等。也有很多事情跟錢有關，例如覺得結婚很花錢、旅遊很昂貴、覺得有錢就能實現夢想的生活，或是覺得有錢了「才」能實現夢想的生活。

上面舉例的那些，有多少你覺得「不是本來就是這樣嗎」？

　　其實那些觀念和事情從來都沒有誰硬性規定過，像女人三十歲前得結婚這件事，我認為，晚點結婚又如何？但臺灣的女人年齡逼近三十就會開始焦慮……

　　一出社會就立刻跑「賺錢、存錢、買房、買車、結婚、生子」這個預設流程的人，當你意識過來時已經身負房貸、車貸還要養孩子，金錢跟時間都被鎖住了。

　　我的先生 Ricardo 開始學英文的年紀是二十八歲，而知名的旅美日籍插畫家清水裕子，大學畢業時進的是公關公司，三十六歲時才去美國視覺藝術學院念插畫，四十歲碩士畢業時，才正式成為自由插畫家，現在已是殿堂級大師。有些結婚想省錢的人只登記不辦婚宴，但就算要辦婚宴也有省錢的辦法（我們的婚禮包含禮服、戒指、場地再加上派對，只花了兩千美金，約新臺幣六萬元），至於旅遊則是有錢有有錢的玩法，沒錢有沒錢的玩法，便宜的國家一間 airbnb 一晚十五美元（約新臺幣四百五十元）以下就有很多選擇，我們住過最便宜的

是在秘魯利瑪，一整戶公寓十美元一晚（約新臺幣三百元）。

很多想當然爾的結論，只要一被反問「為什麼不？」時，就會發現其實沒有強力的理由。

這樣的例子，我自己印象最深的有兩件事，一件是跟我先生結婚，一件是環遊世界。

為什麼不？所以我們結婚了

Ricardo 在跟我討論結婚的可能性時，我第一個反應是「怎麼可能」。我腦子裡從沒考慮過跟非臺灣人結婚，更何況還是哥倫比亞人！把地球儀拿出來，哥倫比亞跟臺灣剛好在最遠的對面，我沒看過地圖還真不知道哥倫比亞在哪裡（哎，就是個孤陋寡聞的島國人民）。

Ricardo 問：「為什麼不？」

「我們國家離這麼遠！」

「那又如何？」

「這樣拜訪家人很不方便啊。」但我心裡其實已經

沒這麼確定了，因為現在國際交通這麼方便，而且因為家人遠而不結婚好像有點不成理由。

「而且我們使用的語言不一樣。」

「可以學啊，再說我們現在不是用英文溝通得很好嗎？我們的孩子還可以有中英西三種語言的優勢。」好像很強。

「我們的文化也有差異。」

「妳覺得目前相處上，有什麼問題是因為文化差異而帶來的嗎？」……好像沒有，我們都滿隨和的，比起文化差異，價值觀相似更重要。

還真的想不出來有何不可。於是我們就結婚了，目前三年多了，一切都滿好的。

我們跳脫框架，決定去環遊世界

環遊世界這件事也是。

當初開始這想法時，是我們在美國的簽證即將到期。那時我們有兩個選擇，一是辦藝術家簽證留在美國，二

是回自己國家。

　　辦藝術家簽證的話，學長姐一般都是找律師處理，而請律師的費用不便宜，雖然也可能是他們都找比較有口碑的律師，但他們的律師費含申請費都要到五、六千美金（新臺幣十五萬到十八萬）。照這樣算的話，我們兩人加起來就是一萬美金，都可以玩南美好幾個國家了！更何況又不是有申請就會過。回自己國家的話，我們還沒決定好是要回臺灣還是哥倫比亞，又或者兩個都不回，找其他英語系國家定居。

　　Ricardo 這時就提了他一直以來的夢想：「不然我們去環遊世界吧？」「真的假的？那樣的話會非常夢幻。」其實一聽到他這樣說時，我還把它當玩笑，從沒認真考慮過。直到有一天我真的去查墨西哥的機票，還有住在當地的租屋費用與物價，算起來竟然可能比我們住在美國費城還便宜，我才真的打從心底覺得這件事有譜。

　　從那時起，環遊世界這個選項在我心底醞釀，越想就越覺得為何不呢？別人可能還會因為工作關係離開不了定點城市，我們這些自由接案的人，向來都是透過網

路工作，從來沒有當面見過哪個客戶，又難得夫妻兩人都有移動自由，不利用可惜。花費上來說，美國應該是屬於生活成本較貴的國家了，在世界許多國家旅遊都能玩得比住在美國便宜，省下來的部分可以去補機票錢；而比較貴的歐洲，在國家間的移動又幾乎能以便宜的巴士解決，壓低整體費用。

時間上來說，現在我們還沒有孩子，如果有了孩子，想要輕鬆的世界旅行大概還要再等個二十年，那時的玩法就會跟年輕時很不一樣，可能很多景點都玩不動了。

換句話說，如果這一生想要花個兩三年環遊世界，那就是現在。

在美國的簽證結束時，我們便把能賣的家具賣了，能寄回臺灣的寄了，賣不出去又帶不走的東西捐了，只剩下能讓我們搭上飛機的行李兩個大行李箱，兩個背包、兩個提袋，那便是我們全部的家當。

於是我們開始環遊世界了。

2018·11 GERMANY
2018·11
FRANCE CROATIA 2018·12
PORTUGAL SPAIN ITALY TURKEY 2019·1
2018·10 GREECE JORDAN
2018·9 2019·1 2019·2 EGYPT
2019·2

TAIWAN
2018·7 - 2018
2019·3 - 201
2019·5 - 201

KENYA
2019·3

I went back to
Taiwan first.

Ricardo kept
going to Italy.

START

MEXICO
2017·9

END

COLOMBIA
2017·10 — 2018·1
2019·6 — NOW
2019·8 — NOW

COSTA RICA
2018·1

PERU
2018·2

BOLIVIA
2018·2

URUGUAY
2018·3

ARGENTINA
2018·4

Our Trip
2017 - 2019

cinyee.

學著質疑理所當然的框架

所謂「常理」其實只是一個限制的思維框架。

因為自始至終框都在那裡，你習慣了，所以不會去質疑它，但很多情況下其實可以再思考，為什麼或為什麼不。

其實像環遊世界，乍聽都會覺得「太夢幻啦」「很花錢吧」「有點不現實」吧？

舉例來說，如果聽到一個朋友環遊世界兩年，另一個朋友住在紐約或洛杉磯兩年，一般人可能會直覺認為前者的生活更花錢吧？但其實相比這些高物價的城市，世界旅行的成本或許還更低。

雖然經濟效益上更合理，人們卻會覺得長期世界旅遊更加瘋狂，這就是理所當然地接受「常理」的結論吧。

Chapter
2

———

重新
設計人生

深呼吸，放鬆下來，

那些你以為的桎梏確實是虛妄。

你不要的，放下即可，

現在放眼望去，那些都是你的可能性。

01
如果你的人生是一場戲，
而你是演員兼編劇

　　有一次，我讀到一篇關於「控制點」的文章。這是人格心理學的概念，指的是人們傾向將生活中發生的事，歸因於自己的行為、能力，或是外在的不可控因素。

　　例如相信人定勝天（內部控制點），或是相信成事在天（外部控制點）。一般來說，傾向內部控制點的人對於自己工作或生活的滿意度會較高，他們能夠掌控自己的生活；反之，傾向外部控制點的人容易對生活有滿滿的無力感。如果生活中常認為「這種事總發生在我身上」，認為自己是屬於被動接受的一方而無力改變，面對逆境時則更容易產生無助感。

　　但如果改變認知，停止將一切歸因於外在因素，便可以漸漸收回自己對生活的掌控權。

讓我不禁想到，人們常說人生如戲，人的一生就如上臺演一齣戲。在你的人生中，你自然是主角，可是這場戲有劇本嗎？而誰又是編劇？

　　極端外部控制點的人必定認為劇本是已經寫好的，而他什麼都改變不了，只能照劇本演出；而控制點越是偏向內部的人，越會覺得自己對劇本有影響力。

　　我藉機檢視了一下自己，我的控制點落在哪，又是因為過往的什麼經驗影響它的內移、外移。簡單的測驗過後，我的控制點是偏向內部的，也就是傾向相信我對自己的生活有掌控權。

　　別人如何我不知道，但我試著分析自已對生活的主導感何來，而結論中有兩個觀念特別突出：一是我有「**我可以辦得到**」的信心，二是我相信某種程度上，**命運是可控的**。

　　這兩個觀念在形成的過程中有個共通點：一開始都是先從枝微末節的事獲得小小的成功，再從這個小成功得到小小的信心，接著像滾雪球般不斷累積成功與信心，到後來成為信念。

花時間在你擅長的事，培養你的自信

關於第一點「我可以辦得到」的信念，也就是人們對於自己是否有能力完成任務和達成目標的自信程度。我不記得自己最一開始的小成功是什麼，但我記得這份信心在考上臺大時得到了比較明顯的增幅，甚至認為，這才是我考上臺大的最大意義。這一次的經驗證明：只要我很想做一件事，並且投入足夠心力，我就可以辦到。

花時間進行你擅長的事，能幫助你增長「完成事情」的自信。

不只是學業，每一項經過努力而完成的目標，都能增強這樣的信心。比較小的事情例如在時限內畫出自己想像中的畫面，大的如達到學業成就、自學一項新技能。我這方面的自信在靠 Youtube 自學 After Effects 後有不小的成長。所謂「那些打不倒你的，將使你更強大」，越是初始時覺得不可能的任務，在完成後的成就感越大。看著 After Effects 滿螢幕的未知功能，毫無頭緒不知從何開始摸索起的挫折感，還有指考前一日一日倒數，掐

著計時器計算讀書時間的焦頭爛額，這些苦的最後都轉化為滋養信心的養分。

不知道從什麼時候開始，我甚至會在替自己打氣的時候用「沒問題的，我可是 Cinyee 啊！」這樣的語句，對自己有著巨大信任，又像是某種自我催眠，重複久了還真的覺得 Cinyee 滿強的。

「我可是××啊！」這句咒語挺好用的，請試試看。

有時候，別人會試圖讓你相信你做不到什麼，而且經常還是出於善意。

不要相信。

不要讓別人告訴你做不到什麼事。

我在國外留學的畢業製作畫了一本繪本，那時候的客座指導教授給的反饋是覺得我的故事不適合走繪本，更適合年紀大一點的圖像小說之類的形式。我信了，畢業後又一時沒有繼續往繪本發展，結果誤打誤撞，畢業製作的作品《青春之石》後來在臺灣不但先募資成功，順利出版上市，還入圍二〇一八年好書大家讀，並獲得年度最佳繪者獎。

如果別人告訴你你做不到什麼，他們很顯然不知道自己在說什麼。

真心渴望某事，幸運的事便會發生

第二點，關於命運的可控性，聽起來好像很玄幻，其實說白了就是天助自助者。自己要先有行動，先自助而後老天也會給予幫助，那老天給予幫助的部分不就是命運嗎？這跟《牧羊少年奇幻之旅》中提到的名句「當你真心渴望某樣東西時，整個宇宙都會聯合起來幫助你完成」是同一個概念。

真心的渴望，必然是有積極的行動做為支持與證明，盡了人事，然後接受老天爺的安排。我的經驗告訴我，這時候老天爺給的安排通常都是對我最好的安排。

忘了最初是因為什麼，我漸漸開始相信老天爺基本上是善意的，很多時候的一時不順，在後來都會覺得「當初事情這樣發展真是太好了」。塞翁失馬，焉知非福，當認出後到之福的時候，便是感受到老天善意之時。你

如果在對的方向，天會幫你，如果方向不對，天也會引導，就算方向不對，繞的路也不會是白繞，一定是有什麼課題需要你沿路撿起來。

懷抱信心並認真努力地活在當下，我們自然會被帶到該去的地方。

在這樣相信老天爺不會對我不利的前提下，我可以很放心地行動，放心地「真心渴望某件事」，然後幸運的事便會發生。心念像震動的音叉，而行動是增幅器，周圍同頻的事物會與之共振，命運也會物以類聚。

「許個願吧？」

我喜歡拿我們環遊世界得以成行這件事做為例子。雖然以成本計算上來說，旅行完全行得通，但其實當時我們還面臨一個問題：Ricardo 跟哥倫比亞政府借的全額學貸，只需償還一半的條件是學成之後要直接回國待三年，如果不想回國就得償還五、六萬美金的全額學貸。隨著時間推展，我對環遊世界的態度從一開始的「開玩

笑的吧？」到後來漸漸篤定，我可以想像在世界各地移動並工作的畫面，其實我心底並不擔心不能成行。

二〇一七年五、六月的時候，我跟群眾募資平臺 Fliper 繪本出版合作計畫獲得巨大的成功，接著七月的時候從哥倫比亞那裡傳來消息，新的規定是如果先償還一半，就能延後兩年再回國待三年。繪本募資的所得差不多可以替我們還了那一半，時間跟金錢都兜上了，我們才得以順利出行。

時間上很巧的例子還有二〇一七年曾躍上國際新聞版面的利比亞奴隸市場現象，我當時想著要不要抽空來為現代奴隸議題寫一篇文章、畫張圖，正在找資料時就收到了一份插畫委託，客戶正是以終止現代奴隸為使命的非營利組織，讓我替一支兩分鐘的動畫畫一些元件。多剛好的時間點，想替這議題畫畫，案子就找上門了。

這支動畫更在一年多後替我贏得了美國插畫協會廣告類金牌。得獎名單宣布那天也是個好巧的時機，那時我們正在巴黎旅行，白天逛博物館時，Ricardo 隨意刷著 facebook，看到 David Plunker 宣布他得金牌的消息。

「真是太恭喜了！」說出這句話的同時我也想著：
「這一輩子也要拿一次金牌！總有一天！」

　　結果當天晚上回家就看到信箱裡躺著一封金牌通知
信了。

　　「許個願吧？」這是我領獎當晚的得獎感言。

　　以我來說，「我辦得到」的信心跟「命運可控」的
信念加強了我感知到對自己人生的掌握度。

　　回到人生的劇本，如果你相信自己對生活有掌控權，
甚至你就是編劇，那你會希望這是什麼樣的一齣戲呢？

　　意識到「常理」的限制，用反問的方式去質疑限制
合不合理，並大膽地去想像。

　　「想」不用錢，千萬別客氣。

02
定義屬於自己的成功

　　當你開始想設計一齣戲般地構思自己的人生，你接著遇到了第一個問題：你的角色追求的目標是什麼？你的渴望是什麼？

　　你想要成功。

　　是的，每個人都想要，但成功是什麼呢？

　　當我決定寫這篇時，理所當然地想著每個人當然該有自己的成功定義。但當我進一步挖掘並思考該如何定義成功，或是該如何幫助一個沒有目標的人找到自己的成功定義時，我發現這個問題的答案其實沒有乍見地那麼理所當然。

　　先講我自己的結論，在反覆思量後定下最接近我認同的成功定義：**找到自己的熱忱所在，並在開發自己的潛能上盡最大的努力。**

我來慢慢解釋這個思路是怎麼來的。

你花錢，是為了什麼？

一般最傳統對「成功」的定義，大多離不開權力、金錢、名聲、地位。

特別是金錢，雖然早已有趨勢顯示人們開始不再將金錢視為成功的定義，但實際上我們還是常看到＜有錢人的幾種特質＞＜有錢人的觀念與習慣＞這一類的文章，或是認識對象前，還是會先了解一下對方年收多少，整個社會還是將「有沒有錢」看作成功的指標。在其他難以衡量的無形價值面前，金錢似乎是「成不成功」最簡單且暴力的衡量標準。

然而以金錢做為成功的統一定義是合理的嗎？

金錢就如其他任何一種東西一樣，多到一定程度後，再更多一些也不會帶來多大的滿足感。因為金錢可以解決的只有較低層次的物質需求，在一定的基本需求被滿足後，我們也不需要更多了。

我會希望餐餐都是美食，好吃卻不一定要多昂貴珍稀，我就是再有錢也不會想花三百四十元美金吃一餐貼滿金箔的牛排，或是為了新鮮出爐的餅乾搭私人專機飛到歐洲的名店。假如我喜歡時尚，我也不會想過著三百六十五天，天天都穿不一樣的鞋子的生活。要滿足大部分人物質上的需求，遠遠不需要年收千萬。

　　在選擇過什麼樣的生活時，你得搞清楚對於這個消費決策其背後的原因是什麼。你為一份以有機的方式飼養出來的牛排付出較高的費用，大概是因為你想吃進高品質的優質食物，但你為一份撒上金箔的牛排所付出的天價，而且還將這份牛排發到社群，恐怕為的是炫富跟惹人眼紅。

　　如果後者確實是你的心理需求，那或許追求金錢真的是你的成功定義。但如果你跟我一樣覺得此舉無聊，而且你的生活也在一定收入之後達到物質的富足，當「沒錢」不再是理由後，我們該思考自己想追求的究竟是一個怎樣的「成功」。

什麼才是你理想中的生活？

我想每個人都該變得有錢有名，然後做所有他們曾經夢想的事，於是才會知道名利不是答案。

——金‧凱瑞

「成功」一詞的字典解釋是：形容達到預期的結果與目標。

「預期的目標」正好解釋了為什麼每個人的「成功」不會是一樣的。因為我們每個人的價值觀不盡相同，最重要的事也會不一樣。

有人追求影響力，有人追求為社會與他人帶來價值，有人希望找到熱愛做的工作並樂在其中，有人追求技術表現上的卓越，也有人把家庭擺在第一位。舉個極端點的例子，如果某人此生最想達到的是深刻經歷各種愛恨情愁、大起大落，又真的過上了這樣的人生，對他來說也是得償所願，不是嗎？能夠「達到預期目標」，那他人認為你是否「成功」，又與你何干呢？

你滿意你現在的生活嗎？不要因為現在的社會風氣正鼓吹著什麼樣的價值觀，便迫不及待地將之套用在自己身上，好像你一定得喜歡這樣的生活型態（例如在家工作，或是一邊工作一邊旅遊），只因為大家都喜歡。想想什麼能帶給你快樂？

我在寫這篇文章的時候，也反覆咀嚼了「成功」之於我是什麼。下面幾個問題是我嘗試過的切入點，邀請你也一起來想想看：

1. 你對現在生活的滿意度是多少？不滿意的地方是？
2. 你理想中的生活是如何？一天是如何？一年又是如何？
3. 如果你是一個品牌，請列出這個品牌的所有關鍵字。
4. 如果你是一本書中的一個角色，你希望書評是如何描述你這個角色？

回答中不該有金錢，例如理想生活不能是「年收 N

百萬」。錢只是一種因為以物易物不夠方便，才被發明出來使交易便於進行的產物。你想要的不是錢，是錢能買到的東西，那就寫那樣東西，例如「住在有良好採光跟挑高的大房子」。

對我來說，現在的生活我基本上滿意，給分大概是八十五分，我有行動與時間的自由，物質上也不匱乏，基本上算健康，有相知相愛的另一半，跟家人感情也融洽。而不足的部分，我發現我經常還是處於低強度但持續性的焦慮當中，這大概是來自於我仍無法很好地管理各項截稿日期（另一個自由接案者的課題）。

理想中的生活，是住在空間舒適的家，充滿陽光、空氣、水、音樂與植栽，在窗邊有明亮的工作室，放滿畫具、畫材。（這段是我在旅行的時候寫的，而現在在哥倫比亞定居，真的住進了這樣的房子！）茶香、咖啡香、蔬食以及乾淨明亮的廚房、擺盤配色與味道一樣重要的用心料理。瑜伽與冥想、對待身體如靈魂的廟宇。

東西不多，擁有的全是喜愛的，每個消費都反映著環保與人道的價值。行動自由，想旅行就旅行，閱讀、

寫作、思考、感恩，每年出兩本繪本。有自己的店面，賣和插畫相關的商品與書，對環境友善的商品，還有一處給工作坊的平臺。除了插畫案子以外，靠版稅與授權等其他收入，讓我不用為了錢工作，而只需要為了有趣、有意義的案子「工作」，而錢自來。

持續地貢獻這世界，和所有人一起將這世界變得更美好。時間不虛度，金錢不浪費，活得優雅，活得具啟發性。

光是把這些想像寫出來，我就覺得好像看到了自己很舒適愜意的畫面。從我對理想生活的描述來看，我嚮往慢活的日子，同時希望在生活中實踐一些利他與環保的價值觀。但想像真的過了這樣的生活，長期下來，我是不是就能說我此生圓滿了呢？

朝不枉此生的目標邁進吧！

其實我現在的生活也挺不錯的，但評分滿意度的時候卻還不是滿分，仍是有困擾著我的地方。回頭再看看

我的理想生活提案與目前生活滿意度中遺漏的部分，我想十五分的不滿意是來自於我感覺自己沒有「盡全力」。

其實我對自己有一些內疚感——我其實可以走更遠的，但卻被自己的怠惰給拖住了。我應該可以更加善用我的時間與精力，更快地創造價值並過得充實，我有潛力同時處理五個案子，卻讓三個案子把我搞得暈頭轉向。我對此感到不滿。

盡全力跟慢活聽起來好像有點衝突，我想這樣解釋會比較清楚：**我想追求時間與精力的不浪費。**把時間與精力花在與珍視的人共度高品質的相處不叫浪費，但花在低品質、低回報的虛度光陰，一整天飛快過去卻不知道做了什麼，更因此拖延了其他成就的進度，這就是資源使用上的無效率。

意識到這點，我發覺我有「在我的潛能上盡到最大努力開發」的渴望。想像這是個採礦遊戲，若我是個礦坑，我在遊戲時間結束前，能越大程度地採礦，便能帶給我越多的滿足感。反之，如果明知道這礦脈的礦量豐富，而在時間耗盡前，我卻只挖了五％，最後我一定會

覺得：「啊，浪費了一命。」

浪費了一命？

於是這個問題來到了我的面前：**如何「不枉此生」？**

我認為為某個目標努力付出行動是重要的，因為那可以帶來滿足感與成就感。但如果我無法找到自己的熱忱所在便努力投入，那大概會像是開錯了礦坑。

對我來說，如果要在最後一刻感到「這一命我充分地使用了」，內在需求上，我需要找到自己的熱忱所在，並在「開發自己的潛能」這方面盡到最大的努力；外在需求上，我必須與珍視的人過著慢活且有質感的日子。

如果能達到這些，便是我的「成功」了。

你的「成功」又是如何呢？達到什麼樣的條件能讓你覺得不枉此生？請摸索你對成功的想法吧！但必須特別注意的是，這想法得是你的，不是別人的。

忙了一輩子才發現你追求的是「別人覺得的成功」，而不是你自己認同的成功，那該有多冤枉啊！

03
找不到的熱情

　　年紀越長我越覺得，自己真正幸運的地方在於我很
明確地知道自己「喜歡做的事」是什麼，所以我的課題
主要是「面對並接受這個熱情的存在」，然後就此發揮。

　　但很多人，活了二、三十年還不清楚自己喜歡什麼、
想做什麼，這些人從小並沒有十分突出的興趣，也不會
特別主動嘗試新事物；他們沒什麼特別出色的技能，也
很少在課業以外的事情上投入大量的時間和精力，這些
人別說是面對熱情了，他們連熱情在哪都沒頭緒。

　　近藤麻理惠透過暢銷書《怦然心動的人生整理魔法》
教讀者如何利用「怦然心動」做為唯一準則，決定什麼
東西要捨、什麼東西要留，而這原則不只在整理房間時
能用，套用在人生其他面向時，也能幫助你煥然一新。
當你不再從工作中體驗到怦然心動，除非你能再更深度

地挖掘，並再度從中找到正向回饋，不然可能該是來一下斷捨離的時候了；若你的工作從來不曾為你帶來怦然心動的感覺，或許你一開始就沒入對行。

然而要怎麼找到讓你怦然心動的事物呢？如果你是屬於還不清楚自己熱忱在哪裡的人，或許下面這些建議能夠幫助你釐清一些方向。

一、多嘗試各種不同的方向，找出能帶給你正向回饋的事

正向回饋有很多種程度，其中「有所貢獻」「感覺做的事有價值」是比較能長久發展的回饋。

比方說，你喜歡看小說，它的正向回饋是全心投入另一個世界的感受、隨劇情情緒起伏的體驗。這樣的正向回饋比較短暫，大概可以維持一個禮拜，直到你投入下一本小說並忘了上一本的故事。當然如果你一直讀下去，也可以一直持續帶給你正向回饋，但這種回饋相對表層。如果要進一步加深回饋，你可能要去找這本小說

的同好，討論故事劇情、寫書評，甚至對於故事帶給你的情緒體驗感到欲罷不能，開始寫下片段故事。接著你可能也開始寫書，這時的正向回饋變成創作出一部作品的成就感、帶給他人美好閱讀體驗的貢獻感，甚至是成功出版後的版稅收益、開始為人所知的名氣等等，比起最一開始的單純閱讀小說，更為長久、發展性的回饋。

同理，玩手機遊戲跟開發手機遊戲的回饋程度不同，吃美食跟做出美食甚至是出版食譜、開餐廳的回饋程度不同，自己健身成功跟幫助他人健身成功的回饋程度不同。我剛開始畫畫的原因，也不過是因為太喜歡看漫畫而已。

如果你已經有喜歡做的事，可以直接從這個方向下手，發展成更長久的正向回饋。如果還沒找到任何一點你稍微喜愛做的事，可能你的人生體驗太少了，請以開放的心態，再去多試試之前從沒考慮過的事。

二、觀察目前與過去生活中，你對什麼議題比較敏感？

如果你沒有什麼明顯的愛好，也可以從你的價值觀著手，因為你在意的議題反映了你的價值觀，而能成為議題，必定是有一定的關注人群，以及背後有價值的缺口與需求。

比方說，你關注環保議題，這背後說明了兩件事：一是關於環境保護，因為目前社會做得還不夠，而且有一群人認知到了這件事，這群人代表了市場；二是因為這個議題符合你的價值觀，如果你能在這上面有所貢獻，你就會有額外的滿足感。你覺得你在幫助這個世界變成一個更好的版本，這是一個非常強烈的正向回饋。

環保的相關產業如此多，不論是開發商品、提供服務、建立平臺或是新媒體，有很多提供價值的方式可以做為你投入志業的工作方向，而金錢是價值提供的副產品。同理，你在乎人權、女權、兩性平權、貧富差距、教育……任何你關注的議題，都有潛在的機會存在，是

你可以進一步發掘熱忱的方向。若結合從第一點找到的興趣，你能發展出獨有的價值提供。

三、如果沒有外在動機，是否還會繼續做下去？

換句話說，對於做這件事，你的內在動機夠不夠強烈？如果不是為了錢，你還會不會做這份工作？如果不是為了名氣，你還能不能繼續堅持？

在我畫出一點成績以前，對於臺灣許多畫得不怎麼樣，卻很紅的「圖文插畫家」，心情感到相當複雜。一方面覺得，他們有名有利，好像展現了「如何靠畫畫賺錢」的正確道路，一方面又覺得，畫成這樣，我心裡實在難以認同其為插畫。

如果要走同一條路，單以畫畫來說，技術含量真的很低，當然在哏的尋找、發想上需要另外投入心力，這樣看來，與其說是靠畫賺錢，我覺得更像是靠哏賺錢。

不是說圖文插畫家比較差，只是我們努力的方向不

一樣，他們經營社群與想哏的能力真的很令人佩服，但若走這條路的話，我不會從中得到一點畫畫能帶給我的滿足感。反覆思量的結論是，如果得在「名利」與「畫得好」之間做選擇，我還是會選擇「畫得好」。也就是說，如果要當一位名利雙收卻畫得一塌糊塗的「插畫家」（我覺得有點丟人），我寧可產出優秀的作品、有很強的實力卻沒沒無聞。

所幸後來的經歷證實了，賣哏不是靠畫畫賺錢的唯一生路，畫得很爽又能帶來財富的方法還是存在的。

如果你有什麼事情是沒有外在動機卻能堅持下去的，趕快抓住，因為這是個很強烈的熱忱信號啊！

要勇於跨過挫折，才有機會擁抱成就感

當你已經找到熱忱的方向，要再進一步發展成可以維生的事業，你需要將自己的能力提升到可以提供價值的程度。換句話說，要有人願意掏錢買你的服務或產品。

喜歡畫畫的人很多，但你的能力是業餘等級還是

專業等級，決定了你能不能靠畫畫吃飯。如果你的「喜歡畫畫」，還只是去救國團上課的程度，顯然，要以插畫為業還言之過早。就像你不會只因為去巨匠電腦學過 Photoshop 和 Illustrator 就變成平面設計師，請再努力深入研究一點，直到你的作品與專家放在一起也不遜色為止，那才是你已進入專業等級的程度。

特別注意的是，在多方摸索熱忱的過程中，每次嘗試都得花些心力與時間，在有一定的成績後再下結論，因為除非你從小就有在訓練，不然你很難是某方面的「天才」，任何新事物一開始接觸都一定是挫折居多。如果你一遇到挫折就退縮，最後只會得到「我什麼都試過，什麼都不行，什麼都不喜歡」的結論。

要能跨過挫折，才有機會接觸到一點點新領域帶來的成就感與滿足感，即便仍是沒有一點正向回饋，你也能安心地下定論——「確實，我對這方面是沒興趣的。」然後往下一個方向前去。

04
想要就去做

　　每一次我們無視自己的感覺，都是一次對自己的背叛。

　　經過上面的練習，你大概已經更清楚知道自己想要成為怎樣的人、哪些價值觀對你來說是重要的、追求哪些事物可以趨近你的成功。你已經踏出第一步了，很好，但我們知道，了解跟實作是兩回事。

　　在我目前還不算長的人生中，我經歷了兩種狀態：一種是女兒／學生／同學／女友，一種是我自己。

　　前者的我扮演著一個符合期待的角色，女兒該如何、學生該如何，大抵是我二十四歲前的狀態。後者的我對自己的需求做出回應，我負責的對象是自己，二十五歲之後逐漸如此。兩者的感受差異之大，讓我經常覺得過去的生活遙遠得恍若隔世。

你現在的目標，是源自哪裡的渴望？

Assertive 這個字是我在讀心理學中的社交溝通類型時認識的，姑且稱之為「堅定自信」，指的是以明確且尊重對方的前提下，提出自己想要的，並拒絕自己不想要的。這也是一種社交溝通技能，堅定自信的人能以真誠、直接且適當的方式表達自己的立場、想法與感受，溝通過程不激怒他人，也不委屈自己，是被視為對自己也對雙方關係最健康的溝通方式。

與之相對，其他較不健康的方式，為消極型（委屈自己成全他人）與攻擊型（委屈他人成全自己），這當中，華人比較容易陷入消極型的狀況——他們「受到他人喜愛」的需求很強，很怕不被團體接受，因此往往將別人的感受、需求放得比自己還重，而且難以對別人的請求說「不」。

消極型的人常常是自信心比較低的一類，別人都比自己重要，因此犧牲一點自己的權益也不是什麼大事。無法準時下班又沒加班費可以接受、主管要求辦事又把

功都攬走可以接受、情人要求地下戀情可以接受、分數太高爸媽要求選不想念的醫學系可以接受……他們不把自己放在「與對方同等重要」的位置上，所以很願意找各種理由說服自己委屈一下。

危險的是，每一次他們無視自己的需求，都是在告訴自己的大腦「我的需求不重要」，重複多了，大腦便會開始相信「我真的不重要」。這會進一步破壞自己的自尊與自信，更深地進入消極溝通的惡性循環。這類型的人通常也傾向讓他人為自己做決定、讓他人為自己負責，於是將自己的自尊越放越低，接著抵達的可能是憂鬱症的大門。

反之，如果能堅定自信地表達自己的感受與想法，重複地告知大腦「我是重要且有價值的」「我的需求是被重視的」，久而久之便能建立起自尊與自信。

你現在的目標，是自己的渴望，還是「認為你應該要有」的渴望呢？

如同前幾篇提到的增加勇氣與信心的練習，直視並回應內心的需求是建立自信的根本之道。不只如此，不

回應內心的需求是會有損自信的。如果你已經察覺到心底有什麼感受，請做出回應，就像我在可以順利地走經濟系之路、找一份「安穩」的工作時，離開了本來他人替我定好的航道。

或許現在還沒出現得逼你馬上轉頭就走的逆境，但如果內在小孩都已經說話了，你還繼續無視、繼續欺騙自己，是要付出代價的。

如果你正面臨一個需要做重大決策的情況，我推薦將這個問句做為你的重要考量因素：**會不會後悔？**

這世上並沒有「太遲了」這件事

世界上是不存在專治後悔的藥品的，而「後悔」這個情緒也會隨著時間沉澱而越來越濃，它會深深地沉在你心底，就算是十年、二十年過去了，你可能還是會想：「如果當時沒這樣做會如何呢？」這是個你永遠也不會知道的懸念。

我嘗試過畫畫了，倘若沒有成功，至少我嘗試過了。

但如果我沒有嘗試，我可能到老都會想：「如果我沒放棄畫畫，說不定今生能成為一位成功的插畫家吧？」

「如果這麼做了會如何？」「不這麼做會如何？」想像一下這兩種選擇，哪一個可能會帶來比較大的後悔和懸念，或許能稍稍幫你釐清什麼東西對你而言是比較重要的。

失去自己是漸進的過程，不要等到身陷深淵了才去行動。

現在就可以做的是：**對自己誠實**。

我知道有些人總會以「我都這把年紀了，現在才開始會不會太遲？」為理由，而遲遲不敢妄動，如果你也是這樣想，那麼我想告訴你一個祕密：「你還很年輕，而且你還會年輕很久。」

我聽過二十六歲的人喊著覺得自己年紀太大了，換跑道太遲（如果你也年過三十應該會笑出來），但我也遇過七十歲的背包客獨自旅行，五年來行李不曾超過七公斤。

記得在我十八歲的時候，看著十三、十四歲的強

者們分享繪畫作品，便忍不住感慨自己年紀大了，真是長江後浪推前浪。可是現在回頭來看，我那時也不過才十八歲啊！居然就自以為前浪來了。

別說你現在才二、三十歲，就算你現在已經六十歲了，你一定也會想著：「啊，如果我五十歲的時候如何如何就好了。」而猜猜你五十歲的時候在想什麼？──「啊，如果我四十歲的時候如何如何就好了。」

如果靈魂是一而再，再而三地輪迴，那麼年老就只是幻象而已。表象看起來四、五十歲，卻不知其實自己已經歷過幾千年，那二十幾歲跟五、六十歲又有多大的區別呢？假如拉開整個靈魂的歷程為一生，那二十歲跟五十歲的差異，就像某一日的早晨與傍晚吧。

我希望能永遠以無齡的心面對世界，認真感受我來這個世界所要體會的。你如果經常想著：「如果年輕時怎樣就好了。」請記得，你現在就是年輕時。

沒什麼太遲的，別拖了，想要就去做吧。

去做讓你覺得好像活過來的事、讓你覺得好像變年輕的事、讓你忘記年齡的事。

05
自由人的生活提案

　　某一次隨意地瀏覽網頁，看到一個關於追求財富自由的理由：想工作就工作，想去哪就去哪，擁有時間跟空間的自由。

　　我居然已經都有了，而且在還沒有錢的時候。

　　如果你還在思索理想的工作模式，那麼我想談一個你可能聽過，但不曾認真考慮的選項：自由接案。

　　是的，我過太爽了，讓我忍不住想要推薦這樣的工作模式。

　　二〇一九年接案平臺 Upwork 公布的未來勞動力報告中，訪問了一千名美國的招聘經理，千禧世代逐漸占據管理階層的現在，有個趨勢越來越明顯：更多公司願意雇用遠端工作者和自由接案者。六十九％的經理允許團隊成員遠端工作，他們相信在未來三年內，每五位全

職員工中，就有兩位會是遠端工作者。

　　至於對自由接案者的雇用，相較於上一代的管理階層，這一代也在過去三年間，增加了一倍，並且在未來預計會持續增加。無獨有偶，美國的商業財務軟體公司Intuit 也提出了類似的報告：二○二○年，將有四○％的工作會給自由接案者。

　　越來越常見的共享工作空間也是反映了逐漸增加的遠端工作需求，對工作者來說，能夠自由選擇工作地點、自行安排時程的吸引力難以拒絕；對客戶來說，也是樂見提高生產力的好辦法。

　　上面提到自由接案跟遠端工作，雖然它們都是在家工作，但兩者的概念其實是不太一樣的。

遠端工作 V.S. 自由接案

　　遠端工作仍然是替公司工作，頭上有老闆，只是你可以透過網路處理業務，不用親臨公司，薪水是固定的，但時間與空間一樣可以自由掌控。我在申請留學的時候

仍然在遊戲公司工作，那時的我很清楚在短期內，比起現金，我更需要時間去準備作品集、申請資料、準備語文檢定等等。於是我跟老闆商量，讓我在家工作並改以小時計費，大概有兩三個月的時間我是遠端工作的，光是通勤時間，一天就省下兩個小時。

自由接案是指頭上沒有老闆，以個人為單位或是成立工作室，直接對外接案，也就是所謂的自僱者。你的能力換成金錢，而不是時間，能力越大賺越多。壞處是沒有穩定的薪水，接案空窗的時候，幾個月沒入帳也是有可能的事，頭上也沒有公司幫你處理退休金或勞健保等其他福利，這些財務上的風險與打理你得自己負起全責。決定走自由接案的人心臟要大顆一點，要能承受成敗都在自己身上的風險與壓力。

不管是哪種在家工作，跟辦公室工作相比，好處是省了通勤時間，你的通勤距離就是床到書桌的距離，在家或在任何有網路的地方都可以工作；時間上也可以充分自由安排，你若習慣半夜工作，早上睡到飽也沒問題（事實上，因為客戶所在地的時差關係，你可能也會需

要夜晚工作），你若想要一天拆成三塊，早中晚三餐飯前再工作兩小時也沒問題。

然而兩個模式都試過的我，必須承認我更喜歡自僱。

為自由工作負全責

上班族可以很明顯地感受自己是「賣時間給老闆」，每天就是固定八小時替別人工作。遠端工作時間上比較自由些，但在感受上仍是「替別人工作」，在這樣的情況下，時間總是在不知不覺當中流逝，常常在年底時回頭看，也不曉得自己到底成就了什麼、累積了什麼，就這樣，一轉眼三、五年過去了，若沒有好的理財習慣，甚至連存款餘額都看不出時間積累的痕跡。

但自由接案的情況就很不同了，因為接案畫畫只是工作的一部分，另外還有行銷自己、建立客戶關係、設定並達成目標等等，自由接案是一人飾多角，不再是等老闆分配工作下來要你做什麼就做什麼，你得自己獨立運轉。

接案運好的時候，截稿日期一個接一個，接案運差的時候，想辦法把自己銷出去，不管是因為賺錢忙得很充實，還是一直沒收入壓力大，甚至是低潮期的大放空，時間的流逝感都是很清晰的。「今年我成就了什麼？明年目標又是什麼？」年年都在累積自己的品牌實力。

　　「我在為自己工作」這樣的感受是單單比時間、地點上的自由更加完整的自由人。這樣的自僱型態，自媒體的經營者應該也非常熟悉。

　　當然自由是伴隨著代價的。這個代價便是責任，你得完全為自己負責。（不要皺眉，這其實是很令人興奮的事。）

　　不是說其他路線就不用為自己負責，只是在自僱條件下，負不負責的後果特別鮮明。雖然對我來說是很理想的工作模式，但對有些人來說，寧可犧牲點自由，換取穩定也是可以理解的。但正多虧了這樣的工作性質，我才能夠長時間地環遊世界，同時還能接些優質客戶的案子並創作出得獎作品，甚至當家中長輩臥病在床，需要人照顧時，我可以不用「請假」、不用暫停收入就能

在家幫忙，我對自己的工作是這樣的形式感到由衷感激。

自由接案適合你嗎？

如果你正在考慮自由接案適不適合你，可以問問自己下面這些問題：

1. 我能夠承受收入不穩定的風險嗎？
2. 我的自律性強不強？沒有外力督促我的情況下，我是否容易陷入低產狀況？
3. 我喜歡規畫自己的人生，還是讓別人替我規畫？
4. 我是否願意全面地學習各種技術和知識，將自己視為 一間一人公司或是品牌來管理？
5. 我是否有個會讓公司願意外包，以增加產值的一技之長？
6. 面對具有挑戰性的任務，我是會感到興奮？還是會覺得麻煩？

如果你很樂意為自己負全責，甚至為此感到躍躍欲試，那你大概很適合自由接案。等到你的品牌長大，業務跟收入都增長到一定程度時，你甚至可以聘雇專人替你處理你比較不擅長，但在單打獨鬥的情況下，不得不攬起來的工作（可能是財務或是行銷），或是不用等到有盈餘能聘僱人，以抽佣金的方式合作，像是插畫家與經紀公司的模式，適當的合作外包也能讓你的業務進行得更有效率。自由接案者的思維模式比起一般受僱員工，更接近小型企業經營者，更有壓力是一定的，但我認識的自由接案者中，還沒有誰是想要回去當雇員的。

　　感謝網路科技，我們這一代的人多了許多上一代無法想像的工作類型，目前還無法想像的工作在未來也只會越來越多，可以說是「只要你能想到的事情，就能成為工作」、自由創造工作的時代，能夠阻止你的只有自己的想像力而已。在勞動力漸漸被機器取代的現在，以及外包給自由工作者的工作越來越多的未來，沒有什麼正職工作是「永遠保障」的了，真的永遠不會被 fire 掉的工作是你自己的事業。你正關注著什麼樣的工作類型？

有沒有進一步去了解、研究？如果你對自由接案有興趣，特別是當自由插畫家，我們在第三章將會做更進一步地討論。

06
游牧人的極簡哲學

在長期的旅遊人生中，我不斷被訓練一項技能：**捨棄不必要的事物。**

這實在是被迫練就的能力。剛開始旅行時，我們並沒有想要像刻苦的背包客，背個七公斤的行李走天下。我們還是想要有一定的質感生活，不用三件 T-shirt 天天洗、交替著穿，我還是希望總是有茶可以喝，還是想到哪裡都能做點瑜珈。比起背包客式的窮遊各地，我們想要做的是「到各地生活」。但才第一個月我們就發現，即使我們盡量不趕行程，一個國家如果要不虛此行的話，還是得跑三個地方以上，就算一個城市住一個禮拜，拖著兩個大行李箱加兩個大背包還是非常惱人（好吧，我客氣了，其實一開始行李箱還是超重的。）

旅行過程中，我至少捐了兩次舊衣回收。在家打

包的時候都覺得「這件也可以帶啊」，每一件好像都會有適合穿出場的機會，但上路後卻常常發現只有不到三分之一的衣服有穿到，這些「以備不時之需」最後都成為從 A 點移動到 B 點時的負擔、成為入住沒有電梯的 Airbnb 時的重力訓練、成為在巴士上的腿上壓力。

於是我會像找亞洲超市那樣，渴求般地找收舊衣的二手衣店，在清出六公斤的衣服以及把瑜珈墊送人後大鬆一口氣，同時想著：「我當初為什麼要帶這麼多東西呢？傻了嗎？」

在不得不丟過幾次東西後，我對於購買新物品變得十分挑剔，如果不是到了有「命定感」的程度，我寧可不買。我不喜歡擁有了卻用不上的情況發生，我不喜歡堆積多餘的東西，我希望我的所有物裡沒有冗員，我甚至開始對收到禮物感到困擾。

在有限的資源裡，我不再著重於金錢，雖然金錢確實也是有限的，但更明顯的有限資源是空間 —— 我的行李箱就這麼大，廉航不用加價的重量限制就這麼多。

將空間視為有限資源

　　如果是住在家中的人，很容易忽略空間是個有限資源的事實，便會做出「這個商品在特價中，先買再說」「滿千免運，再看看還有沒有什麼要加購」這樣的決定。於是家就成了一個吞噬與堆積物品的場所，東西多了，空間也跟著亂了。「上次買的梳子不知道放哪去了，再買一把好了。」——將有限的空間當做無限來使用，堆積雜物是必然的結果。

　　我爸媽非常不擅長丟東西，他們覺得東西還好好的就不要丟，或是只壞一點點還可以用，但同時也因為不擅長整理，或是腦波太弱容易購物，家裡經常堆積過多且用不上的物品，例如飯匙，我們家居然就有七、八支。成長在這樣的家庭文化下，我原先也很不擅長丟東西，但長期的游牧生活確確實實地重整了我的思維模式：有限的資源是空間而不是金錢。

　　思維改變下造成的決策改變，原先可能是「這衣服好划算，而且可以搭我那件褲子，買」，變成「女人的

衣櫃不是永遠少一件衣服，我的扣打就是三十件，如果這件要買，我得從衣櫃捨棄一件擠出空間來」。改為將空間視為有限資源後，消費的決定會變得更謹慎，想要增加的物品得確實有資格進入我的空間才能放行。雖然最初不是抱著金錢有限，不能亂花的想法，實際做出的行為卻是減少了許多不必要的支出，花出的錢更確實地在刀口上。

極簡哲學的實行不是勉強自己降低物欲，而是對於「有限資源」的認知改變後，自然而然發生的變化。

往往在比較極端的情況下，人們才會察覺什麼是重要的。在游牧生活中學到的極簡哲學，不只體現在物質上，因為極簡的概念不只是「東西的減少」，也可適用於其他生活層面。例如說，另一個也常常被錯認為無限的資源：時間。

極簡的概念可以幫助你釐清重要的事

當開始認知到這樣的資源也是有限的時候，決策也

會隨之變化。這又是個旅遊中特別顯著的稀缺資源——如果你只能在這個城市待五天，接著又要移動到下個城市，而這樣的生活模式又是一個長期的進行式，那你每一天都會好好規畫。我們會謹慎安排想去走走的景點，不會每個點都踩，因為精力與能量也是有限的；工作時間也一樣，效益不高的工作會被優先捨棄，因為用在上面的時間，其機會成本便是做其他效益更高的工作，甚至是我們的旅遊行程。在旅遊初期我們還有進行當地插畫家的採訪，但在「有限的時間」這件事越來越不容忽視的情況下，我們只能做出取捨。

極簡的概念也可以幫助你釐清重要的事。很多事情其實沒有你以為得這麼複雜，一次一次抽絲剝繭地問「為什麼」，可以帶你抵達剔除雜訊後的核心。

以我們的婚禮為例，因為我跟 Ricardo 來自不同國家、不同文化，沒有理所當然的「拍婚紗」「買餅」之類的習俗，我們有幸重新思考、設計適合我們的婚禮。而這些是我們問自己的為什麼：

1. 為什麼要辦婚禮？

   因為我想跟親友宣布結婚這個消息並且一起慶祝。

2. 怎樣才算得上一起慶祝？

   我想要有個正式、神聖的成婚儀式，然後親友們可以同歡。

3. 怎樣的準備才能夠達到「讓親友同歡」？

   美食、美酒、音樂。

4. 怎樣的儀式才算正式、神聖？

   ......

　　一直問下去，發現我們沒有遵循任何一項傳統婚禮的繁文縟節或是花式排場，因為它們都不是最重要的。最後只花了兩個禮拜，用了不到兩千美金，獲得了朋友們各種前置幫忙與美食支援，是最樸實但也最溫馨感人的美好婚禮。

　　當雜訊都被移除之後，你才能聽到訊息。極簡的哲學不是擁有很少的東西，更關鍵的是透過簡化的過程，凸顯出你將什麼視為有價值，換句話說，即是什麼之於

你是重要的。

　　當你習慣只將資源用在值得的事物上，而不是浪費在瑣碎的事物上，你能最有效率地達到令你滿意的平衡。這些我也都還在練習。

　　再舉個和衣服相關的例子吧，在尋找穿衣風格的過程中，若想達到「沒有個人風格」，那就是現在流行什麼就買什麼，什麼風格都有一點，什麼都不捨棄。反之，如果能乾脆地捨棄共鳴感不那麼強的、不那麼適合自己的，很快地，你就能趨近「你的風格」。

　　我們開始旅行後，連電話號碼也捨棄了。因為每到一個國家就買一張 sim 卡很不實際，這樣我們會累積一堆 sim 卡，而且真正使用到的機會也不多。我們只需要網路，但所有需要網路的情況都可以在有 Wifi 的 airbnb 就先處理好，先載好地圖、查好餐廳、跟對方聯繫好時間和地點。如果真的在半路需要網路，我們就會去找麥當勞跟星巴克。

　　目前我已經有兩年沒有手機號碼了。

　　當認知到時間有限，你不會想花大量的時間在無意

義的事情上。

　　當認知到心智有限，你不會想留著負面的惱人情緒與念頭。

　　當認知到一切都是有限的，你會開始珍惜自己，「我如果渴求什麼，我就得正視它」。

　　如果你是還沒找到想做的事的人，或是默默找到了但一直以各種理由無視的人，請試著改變你對「有限資源」的認知，以極簡的精神好好替自己去蕪存菁一下。

　　你的心智、時間、人生就像你的房間，這個空間是有限的，若想布置成令你心曠神怡的樣貌，你不能什麼雜物都留，你只能留下最重要的。

　　如果你思考這個東西該捨或該留，你可以開始提問：「它的存在意義是什麼？」「它是否有服務到我？」

　　當你捨棄不適用於你的瑣碎事物後，這個空間原來該有的樣貌才能呈現，而你原來該有的樣貌也會呈現。

07
設計出屬於「你」這個角色
的情緒板

　　行文至此，我不斷地試圖以各種角度強調同一件事：找到內心的聲音、找到自己的樣貌、找到對自己來說是重要的價值並正視它。

　　在設計領域中，我們有個工具叫「情緒板」，簡單來說就是一面貼滿視覺參考資料的牆，針對特定專案做的視覺發想。把調性對的照片、相關作品、同類商品、色彩參考等等全部列在一起。

　　在插畫繪製的過程中，建立一個情緒板是我不會省略的步驟，因為它有助於你發想時收集方向，在執行時也方便時時檢視調性有沒有跑掉。

替「角色」設計

視覺訊息是比文字更有暗示性的語言，類似的工具若用在發想「想要的未來」，則會變成「夢想板」那樣的東西。可能你們有些人已經試過夢想板，即在一年之初許下新年願望時，將想要達成的目標、想完成的事、想去的旅行，以圖片的方式剪貼在一個板子上。

我在留學時有一門課叫「lifestyle illustration」，其中有項作業是每個禮拜要替幾個人物角色穿上一組時裝，像替紙娃娃換衣服，服裝必須找確實存在的照片參考，不能自己亂創作（學生程度參差不齊，老師想先確保我們看過夠多的參考，建立足夠的視覺資料庫），每週都要畫新的。為了完成這個作業，我每週都花許多時間刷Pinterest，尋找視覺上有趣的、會讓我想畫的衣服。

我自己本身的穿著，說實話，多年以來是不太在意的。因為家裡很不擅長丟東西的緣故，很多年前買的衣服，就算不是喜歡的風格，或是除了衣況還行，其他沒什麼優點的都還留著，結果就是造成衣櫃的風格混亂，

雖然衣服很多卻也經常覺得沒衣可穿。（我有說過我的家庭與成長環境其實美感不太好嗎？我覺得我爸媽能生出個插畫家真是太神奇了。）

所以在購買新衣時，直覺考量是「我會不會穿」。乍聽之下很合理，但仔細分析下去，這個「會不會穿」背後的提問是偏向「穿起來是否舒適？」「會不會過於張揚，導致我不敢穿？」居然沒有太多關於視覺風格上的考量，會買的衣服是因為我知道我會穿，還很可能是因為已經有穿過類似的。比起「個性」，我的選擇會更偏向「安全」。

換句話說，就是「無趣」。

後來我發現一件事，在買衣服的時候，如果用多年以來的直覺判斷，我會自動過濾掉太有個性的衣服，但如果切換成「替我的紙娃娃找衣服」的眼睛，我忽然間就發現了許多有趣的衣服，而且這些衣服，我穿起來也滿好看的，只是之前我不曾考慮嘗試。換了一個標準之後，我的衣櫃開始變得活潑起來，畢竟我不會想要每週都替紙娃娃畫 T-shirt 配牛仔褲。

如果是替「我自己」買衣服，我會有一堆顧慮，像是：「這個袖子能不能遮掰掰肉？」「這個褲子會不會顯得腿粗？」但如果是替「這個角色」買衣服，我只會考慮視覺上看起來有不有趣、符不符合角色個性。事實上，前者的那些顧慮根本都是微不足道的事，只會困擾自己而已。大腿粗又如何？大屁股又如何？我的紙娃娃中也有個胖女人呢！胖女人也可以是個很強烈鮮明、外型亮眼的角色。

練習設計你的角色情緒板

　　我想許多時候，人對自己的狀況評斷之所以沒辦法這麼順利，是因為我們被一些自以為很重要但其實根本不是那麼一回事的顧慮阻攔了。我們將這些「障礙」放大，成為我們不能做什麼的理由，所以我們常常顧慮這、顧慮那。我們以為人們會這樣那樣看自己，但其實頂多只會成為人們一個下午的談論對象，連隔天都撐不到。是的，你就是這麼微不足道，就算大膽點也不會怎樣的。

在發想理想人生的時候，如果為「你自己」設計，讓你感覺有點綁手綁腳，會有些限制性的判斷的話，不妨試試看換成替「你這個角色」設計。將自己抽離開來，仔細看看這個角色，當你想替這個角色創造一個很棒的人生劇本，那他會是一個怎麼樣的角色呢？他有什麼樣的夢想？他喜歡做什麼？崇拜的偶像是誰？有什麼貫徹信念的價值觀？達成什麼會為他帶來成就感？最接近的電影或小說角色是誰？

我在留學的時候，有做過另一個類似練習，目的是找到自己的插畫定位。我從多個角度下手，試圖歸納整理出我想要走的方向：我喜歡的插畫風格是什麼？細膩還是粗曠？用色是樸質還是鮮豔？我的插畫家偶像有誰？我為什麼喜歡他們？他們在什麼樣的領域？繪本還是動畫？遊戲還是商品包裝？我喜歡的電影有哪些？他們是什麼樣的調性？我喜歡的電影主題是什麼？我喜歡的書是哪些？我在意的價值觀是什麼？

在這個過程中，我沒有考慮我是手繪廢，或是我根本沒畫過繪本、沒有說故事的經驗，我沒有考慮因為過

去有遊戲經驗，所以走遊戲這條路可能比較有優勢之類的，我就是考慮「我想要」走怎樣的插畫方向。經過這樣的練習後，我漸漸整理出屬於我的族群樣貌。不只是插畫上的視覺風格，還有內容上我的主題是什麼，以及我可能會想嘗試的領域等等。這些是我在刻意分析自己之前，無法清楚認知到的。

現在我們來做做看這樣的練習，就像上面我設計「我這個角色」的服裝，以及我設計「我這個插畫家」的定位那樣，你也來設計看看「你這個角色」的理想人生。把一切你喜歡的，從各種角度攤平出來，視覺化的放在同一面牆上。把自己當成是一個角色或是一個品牌來設計，你不會顧慮「三十歲前要生孩子不然會變高齡產婦」，或是「幾歲時退休？退休金多少？」這些項目，你不會想要設計一個無趣的角色的。

設計你的角色情緒板時你可以從這些角度：

1. 健康
2. 價值
3. 知識與能力
4. 物質
5. 家庭與人際
6. 工作
7. 挑戰與成就

每個方面除了可以直接描述理想狀態，也可以貼上你覺得符合你目標的偶像。

值得一提的是，這個情緒板不需要也不太可能一直不變。你的價值觀會隨著經驗和時間變化，追求的事物也會不同，但這些都不要緊，你可以隨時調整這個情緒板，隨時做為「理想自己」的檢視。

CINYEE
mood board

能力

插畫&各種創作

旅人：中英西三種語言

信念

只要是想像得到的都是可能的.
我 擁有一切達成目標所需的條件。

物質

簡單，質重於量，美.

健康

yoga：力&美的身体

THE VERY
HUNGRY
CATERPILLAR

by Eric Carle

價值

美感　　　　　　　　環保

娜烏西卡

美麗 堅強
勇敢 有力量

feminism

Chapter
3

———

自由人
的生活方式

我經常有種感覺：我們活在系統之外。

當其他人必須照著系統內的規則在跑的時候，

我們選擇定義自己的規則。

01
我們這樣工作，這樣生活

　　身為靠接案維生的自由工作者，經常有人會問我們關於生活與工作的平衡該如何拿捏。

　　這個疑問是很合理的，畢竟我們不像一般上班族那樣朝九晚五、打卡上下班，時間上沒有明確的區分，這一塊是工作，另一塊是生活。我們的時間是彈性安排，工作之於我們更像是生活的一部分。因為夫妻倆都是不用被工作時間、地點綁住的自由人，我們得以一邊旅行一邊工作，那麼在旅行中我們是怎麼分配時間的呢？

　　如果一個城市純觀光旅遊可以待上三天，我們就會將時間延長兩倍，停留六天，一半的時間旅遊，一半的時間工作。有時候是今天出門遊玩，明天在家畫畫，有時候是白天到處走走，晚上睡前工作。我跟 Ricardo 會在同一張桌子上工作，有時候 airbnb 的桌子不夠大，我會

在床上畫。兩人各畫各的，或許聊天，或許一起聽有聲書，或許就各聽各的廣播。

這個安排與頻率也是很隨心，大抵根據案子的量與緊迫程度，還有遊玩行程的濃度做調整。比方說，如果今天需要的工作量只有兩小時，我們可以安排全天的行程，例如花個一小時的交通時間到鄰近小鎮去看看，晚餐後再開始工作。如果需要工作的時間比較長一點，假設六個小時，我們也可能早上工作三小時，出門吃午餐順便在城市中散散步當作休息，晚上回家後再三個小時。當高強度的旅遊或趕稿之後，我們也可能放自己一天假，什麼都不做。

就算是沒有案子的時候，身為需要經營能見度的自由接案人，我們也會畫一些自己的東西。雖然接案是主要收入來源，但我們的工作時間卻不等同於「畫案子」的時間。這點跟在公司工作的上班族不同，我們不是以賣時間來換取金錢、打卡後就能下班，我們賣的是能力與品牌。在沒案子畫的時候，經營社群、創作長期的大作品、整理作品集、收發 email，甚至丟比賽或自薦信，

這些都算是我們的工作時間。

工作與生活的融合

　　所謂工作與生活的平衡，在我們的日常中，更接近工作與生活的「融合」，這兩件事不是能夠清楚分開的。我們可能在飯後散步的時候討論下一個想要創作的作品，或是在買菜的時候分享經營社群的心得，也可能在趕稿的時候一起聽有聲書，或是一邊畫畫一邊討論八卦。

　　當然不是說因為我們做的是喜歡的事，所以就不會有被工作搞死的時候，但由於我們無時無刻都能「工作」，與其說是工作與生活的管理，不如說是壓力的管理。這麼說是因為既然工作已成為生活的一部分，當然有機會出現「一直在做事但心情悠然平靜」的情況，雖然工作很多，卻不成問題，但也有可能出現沒做什麼事卻很焦慮、壓力累積的情況。

　　我覺得壓力管理的關鍵在於時間管理。換句話說，壓力的來源來自於時間管理的不足。例如安排了超出自

己能力範圍的交稿量與期限，或是沒有效率地虛度了時間。如果時間管理很到位的話，即便是接了滿滿的單，也會因為成效跟效率符合預期，不僅不會累積壓力，反而能達到成就感與充實感。

有些時候，工作反而能紓解壓力。單一專案的工作時間過長，我會容易感到煩躁，但這種時候如果穿插了其他類型的工作，會有喘口氣的感覺，同時也仍然是在「工作」。比方說，為一篇文章畫插畫，已經花了很久的時間構思概念型的構圖，可以切換到另一項已經在上色階段的工作放空一下大腦。又或者是螢幕看太久感到疲憊，切換到紙上塗鴉一下，畫完還能發到 Facebook 跟 Instagram 當是經營社群。

當不需要工作時，你的生活會變怎樣？

你可能會覺得：「時不時都在工作的生活，有什麼好羨慕的？」如果你這樣想的話，想必你不是很喜歡自己的工作吧？

有句話說得很對，「當你是在做自己喜歡的事，你根本不會覺得自己是在工作。」當你能用嗜好賺錢，你這輩子就再也不用「工作」了。

　　我和 Ricardo 有過這樣的討論：「如果我們再也不用工作賺錢了，我們的退休生活會是什麼樣子呢？」

　　我們會每天睡到自然醒，晚上窩在被窩裡一起看個劇或電影再入睡；悠閒地下廚、用餐，偶爾出門上館子；做自己的創作，畫畫、捏陶、玩雕塑，Ricardo 一直很有興趣做小場景。有很多時間相伴並做自己的事，看影片、看小說。當心血來潮的時候，出遠門來趟旅行。換句話說，我們的退休生活會跟現在的生活長得差不多。

　　這一點在我們不知道該怎麼慶祝比賽得獎時也有很清晰地呈現：我們對目前的生活非常滿意，沒有什麼更想要的事物了。能夠以自己喜愛的事為工作，能夠在平實的生活中感到滿足與幸福，我真的覺得非常感恩，深深覺得受到宇宙的厚愛。

　　我們雖然以創作維生，但當不需要工作賺錢的時候，我們還是會繼續創作。

你現在的工作，是否有帶給你金錢以外的價值與意義呢？

當你不需要工作時，你的生活會是什麼樣子呢？

工作占去人生三分之一的時間，如果這麼多的時間你都是單純地賣給別人，等於硬生生捨去了三分之一的人生，怪不得進入社會之後感到時光飛逝了。

沒有體會過受僱者以外的工作模式的人，給你個比喻可能比較能想像：替公司工作的日子，特別是那種除了金錢以外，從沒帶給你其他價值的工作，就像你現在賺的錢有三分之一要上繳國庫一樣，同樣都做了百分之百的工作，你卻只能留下三分之二。而找到能讓你樂在其中，融入生活的工作，就像是賺的錢百分之百都留下來了。你的時間，百分之百都是你的。

以時間換取金錢是過去常見的工作型態，受僱者每天替公司勞動八小時，換取維生所需的麵包，工作與生活在兩個對立面。但現在的社會越來越常見的新形態工作，包含像我這樣的自由接案者、youtuber、其他內容創造者等等，都是從做自己有興趣的事情上創造價值，進

而獲取金錢，我們的人生不用被工作綁架。

所以我經常有種感覺：我們活在系統之外。

當大家在哀嚎星期一，而我又搞錯今天是星期幾的時候；當別人因為就業機會多寡而考慮居住城市，而我只關注生活舒適度的時候；當別人在計算假期夠去哪裡玩，而我想走就走的時候；當別人有必須有人待在家照顧孩子的考量，而我跟先生可以一起陪孩子成長的時候。

當其他人必須照著系統內的規則在跑的時候，我們選擇定義自己的規則。

02
前期是默默耕耘的漫漫長夜

　　我們當然不是一開始就有案子接的。

　　事實上，想要忽然開始自由接案的人，請準備好至少一年沒有收入的心理準備。其他類型的自僱者我不清楚，但至少自由插畫家是這樣的。

你要相信你是夠好的，只是時機未到

　　一開始，沒有人知道你，也不會有客戶主動上門。但沒人上門不是代表沒事做，這時候的你必須一直畫自己的創作，並持續將作品公開分享，放到潛在客戶看得見的地方。你要經營社群網站，臺灣人愛用 Facebook，但世界其他國家很多都漸漸以 Instagram 為主，而視覺類的作品集平臺則是 Behance 最強。又或者主動寄自薦信

給各家雜誌的藝術總監們，臺灣的刊物插畫不太盛行，但在歐美，許多新人插畫家會決定從刊物插畫（editorial illustration）入手，因為一旦作品被刊在雜誌上，又是一個讓潛在客戶看到的管道，比較有機會讓事業順利起飛。此外，參加比賽也是為了讓自己被看見。

但即便以上所有事情都做了，你還是很有可能接不到案子——寄出的自薦信通常石沉大海、比賽就算入圍了也未必能帶來工作、辛勤經營的社群可能今天多了兩個關注，明天便少三個……

身為剛起步的自由插畫家，保有一定的自信是很重要的，但自信的量必須剛好。太沒有自信的人是難以撐過起飛前的黑夜期的。做了所有努力卻還是無法被看見、看到作品不怎麼樣的人有遠勝於你的關注量，你會被打擊，你會開始懷疑自己是不是真的有能力、有資格吃這口飯。

也有人是在這個階段就放棄的，而那些靠各種方式努力撐過來的人會告訴你，只要你的作品夠成熟（如果你只能畫出學生程度，那談專業當然言之過早），什麼

樣的風格都有市場的，只要你能找到這個市場，或被找到。你要相信你是夠好的，只是時機未到。

在起步階段的前輩們，幸運的，吃幾個月的老本之後就能順利起飛，但更多的是慢慢地熬。很多收入還不穩定，或是經濟壓力比較大的插畫家都有在兼職做其他打工，我有同學在醫院修電視，有學長在刺青店工作，也有學妹曾在冰淇淋店打工。

重點是要記得，這份打工主要的目的是能支持你繼續往夢想前進，不要本末倒置了。

題外話，還在學的時候，一門水彩課的老師在談話間透露出讓當時的我很震驚的觀念。他談到一位以前的學生，說那位學生多厲害、畫得多好、多認真，只可惜畢業後沒有當插畫家（illustrator），而是去做了印花設計師（pattern designer）。我心想：「原來只有自由接案插畫家是『插畫家』啊！」雖然念插畫可以有很多出路，有人去做印花設計師，有人去做刺青師，有人在公司裡全職畫插畫，有人自己擺攤賣商品，但在老師眼中，居然只有從事自由接案的人才是插畫家。

意外地走紅，打開了知名度

回到事業起步這點，就我來說，自己算是幸運的那一組。我畢業後大概三個月接到第一個美國刊物的插畫案子，大概六個月後比較常有委託信件寄到信箱，還不到一年的時候，便意外地因為一組節氣動物的插畫舊作，先後被中國跟臺灣的設計類微博和臉書轉發，而進到世人眼中，自此在華人的市場裡打開知名度。節氣動物的作品其實是留學前，為申請學校的作品集畫的，是畫風還沒有成型的時候。但剛畢業就必須把作品集和網站好好地整理公開，那時才將節氣動物系列上傳到網路上。意外走紅有好有壞，好的自然是案子開始進來，壞的是，那是我想淘汰的舊風格路線。

但我不能不知足，雖然我仍有風格上的拉扯煩惱，有些客戶會上門說喜歡我的舊風格，而我總嘗試慢慢往新風格偷渡調整，但整體而言，我的插畫職涯到目前為止還是走得非常順利。

如果我身邊沒有對照組，我可能會以為我有能力，

畢業後一兩年走到這裡不過是再理所當然不過的結果。但我有對照組：我知道同樣 MICA 畢業的同學、學弟妹甚至學長姐過得如何。於是我很清楚，我是幸運的，至少我的風格剛好符合大眾市場的口味。

只有能力是不夠的，你也需要有運氣

我先生 Ricardo 就沒這麼幸運了，他的風格相對小眾。第一年他很痛苦與掙扎，我記得我們在費城的漢堡店一邊吃漢堡一邊淚眼相看，無語凝噎，因為參加比賽我入圍了，但他沒有。還有一次，我記得是在一間小酒吧的獨立演唱會上，一片黑暗中，我收到某藝術學院邀請我擔任教職的信，我當下不敢立刻告訴他，因為他沒收到。一開始我還會為比賽入圍而高興，後來收到了就默默地假裝沒看到。

Ricardo 比我努力多了，坐在桌前畫畫的時間比我多，花在一張圖上的時間也比我多，所以我知道如果我成功了，絕對不是因為我比別人努力，而是因為我比別

人幸運。

　　我先生不是個案，其他 MICA 的同學也不是個個都混得很好（當然好的真的混得很好），總還是會有一些人仍在掙扎。如果抱著留學就等於擁有美好未來的想像，畢業後是會被現實嚇到花容失色的。再也沒看到他發表作品的人也有，或是只能一直發表創作，但都沒有商業案子的人也有。我的同學中，追求穩定的人會去當老師，至少有份穩定的收入，課後還能接案。（美國的學校會要求老師必須同時也是現職的自由接案插畫家，確保老師仍然了解產業現況。）但這些人在一般接案的事業上不會太活躍，有點像是半個自由插畫家。也有同學找到其他正職，像是在 google 當 doodler，社群網站上便會更為低調……因為人家不用苦心經營就有穩定高薪啊！不過長遠來看，如果你最後要選擇自由接案，那早點開始經營就是早點開始累積客源與人氣，如果去做了幾年正職工作後才又想進入市場，自由插畫家的這個事業還是得要從頭開始讓大家認識你。

　　只有能力是不夠的，你也需要運氣。

沒有運氣的話，你最好有強悍的自我行銷手腕。

再沒有的話，你有時間。

幸運的是，Ricardo 這麼長時間以來也看得很開了，他就當是準備期比較長，慢慢地磨槍，韜光養晦，等待自己更成熟後，機會也到來時才能抓住。

我說嘛，才三年也還不算太長啦，人家李安不是等了六年嗎？最近我先生也漸漸開始有委託信件了，我就期待躺著數他的鈔票的時候。目的地明確的話，慢慢來也總會到的，這是任何一條小河都懂的道理。

那在自由接案的生態裡面，是我的例子比較常見，還是我先生的例子比較常見呢？我可以非常肯定地告訴你，他的例子比較常見。這麼說，想要踏進自由接案市場的你，知道將要面對的是什麼了吧？

好的，如果你還是決定進場，你大概已經做好長期吃土的心理準備了。

但我想提醒你，要有心理準備是真的，但不要堅信「起步是艱難的」，不要讓這個念頭成為你的信念。你倒是可以將這句話做為你的信念：「我有一份美好的

工作，我為世界提供美好的價值，世界回饋我美好的報酬。」

　　這段等待的時間，如果有家人的支持會輕鬆很多。我得說我真的是很幸運，我的家人不僅不需要我每個月上貢薪水，還能有餘力並願意支持我度過案子還不穩定的米蟲期，為此我真的十分感謝我的家人。如果你的家裡狀況不允許你當米蟲，很多人也是先保留正職，以副業的模式開始接案累積能量，關於這點我們接著討論。

03

試探性地踏出一小步，
還是縱身跳下？

前面說到在事業穩定前，必先經過一段「明明很努力了卻無法轉成收入」的黑夜期。這個階段沒有收入，有些人會選擇全力投入接案，有些人會保留正職，下班後再慢慢經營。我跟 Ricardo 在旅遊的途中有訪問過一些插畫家，正好兩種類型都有遇過。

決定要畫畫，堅持做下去就對了

有一個朋友是全力投入的代表。

他是 Ricardo 二〇一四年在哥倫比亞教插畫的時候認識的學生，我們就叫他 N 吧。

當時他還是個二十四、五歲的年紀，然而他並沒有

讀完大學。Ｎ在高中畢業時就確定了自己想走藝術這條路，也這麼告訴他的家人了，但他爸強力反對，並告訴Ｎ已經幫他申請學校，念土木測繪工程學。Ｎ在念到第三學期時就決定休學，因為念不下去呀！於是家裡發生了家庭革命。

　　Ｎ是個硬漢，決定了要畫畫就是要畫畫，即便家人不同意這個人生方向，斷了他的經濟支持也一樣。沒去上學後，他做過各種不同的工作：掃廁所、賣吃的、賣鞋、在地下室做搬運工……他必須工作，因為他需要錢買畫材，再來才是麵包。當他畫畫的時候會進入「心流狀態」，很自在也很投入，常常回過神時已經凌晨四、五點。

　　他的創作之路也是一路摸索。因為沒有受過藝術相關教育，也有試著去找一些課程來上，可惜哥倫比亞在插畫教學的資源上真的很少（這點臺灣雖然比上不足，但比下真的強很多）。嘗試的過程中先後學過印刷、設計，但這些都沒能讓他走上一條以藝術或插畫維生的路。輾轉之下，Ｎ漸漸愛上了紋身——他覺得把紙上的插畫謄到皮膚上，這樣的概念太迷人了。於是當實習的設計

公司問他是否要轉正時，他拒絕了。他先以業餘的刺青師身分，頻繁地跟其他產業中的前輩打交道，接著在一兩年之內，在一間高檔的刺青會所中，有了自己的工作室。

　　如果你真的很想做一件事，就去做吧。你常常會覺得受限，可能因為工作、金錢，或是來自家人的壓力。但如果你想使夢想成真，你得「下決心」使夢想成真。然後你得激進點。

　　　　　　　　　　　　　　　　　　　　　　── N

　　他是個決定方向就全力投入的人，意志堅定，意念集中。即便在還不清楚要什麼的時候，即便在逆境之中，也願意為了往大方向前進而吃苦，而在確定了想要做什麼後只花了一兩年，在二十七、二十八歲左右的年紀便成為了獨當一面的刺青師。當然如果他的家人願意給予支持與鼓勵，他會輕鬆很多，至少能少花點時間在賺錢溫飽上，說不定還能更快達到最後的成就。事實上，N

是我們採訪的多位插畫家中，唯一一位沒有得到家人支持的，由此可見家人的支持對於孩子在藝術領域成功舉足輕重。

慢慢來，也無妨

另一位朋友則是慢慢試探的代表。P 是另一位哥倫比亞的插畫家，走的是繪本路線。她的故事跟 N 正好相反，如果 N 是義無反顧地朝懸崖跳下，P 則是踮著腳慢慢地探入水中。

P 大學念的是平面設計，哥倫比亞當時沒有插畫系，插畫通常是做為平面設計系中的一門課。在大學畢業之後，她進入了廣告公司。她並不喜歡這份工作，工作內容偏向平面設計，而且時間緊湊，往往需要很快速地反應並對問題提出解決方案。但你猜怎麼著，她一待就是待了九年。

與 N 不同，她的家人其實也支持她走藝術設計，因為她媽媽就是設計背景的，P 從小耳濡目染。我們當時是

到她家採訪她,她跟父母仍住在一起,我必須說那是一個很溫馨的家,看得出來屋主很用心地在維持,絕不是一個匱乏的家。

然而,在問到 P 覺得有什麼挫折時,她提到日復一日的正職工作總打斷她的插畫創作。她覺得時間飛快,雖然很想要專注於所愛的插畫上,但她要生活,而生活需要錢,為了穩定的收入來源,她需要一份穩定的正職工作。於是她的插畫時間只有下班之後,或是廣告公司偶爾接到一些需要畫畫的案子,多年來有出版過兩三本繪本。我們採訪她的時候,她正準備踏入全職繪本插畫家的行列。

你要有耐心,我們得了解,在人生中,事情不會瞬間發生。你得走過、等待、謹慎,然後敲門,因為事情不會無中生有。成為一個優秀的專家的過程永遠不會變,都是緩慢且需要時間的。

—— P

我想這是兩個很清楚的例子了。我可以想像考慮踏進自由接案市場的人，心中一定會有這樣的疑問：「到底我該辭職專心做，還是下班當副業做？」

　　答案是：「只有你能回答自己。」

　　你的風險承受能力有多少？短時間內每個月沒有穩定薪水進帳對你來說很糟糕嗎？你很需要維持現在的生活消費水平嗎？對你來說，穩定的生活品質比較貴，還是時間比較貴呢？

　　如果是幾乎無法承受波動跟風險的人，就算有家人的支持或已經有相關的知識背景，你可能也會選擇邊工作邊從事副業。反之，就算一無所有，就算全世界只剩自己還支持自己，你也會頭破血流地去闖。

　　當然我相信大部分的人不會是這麼極端的例子，你更有可能是傾向一邊保有工作，一邊盡快把副業經營起來。如果你能量充足、享受工作，願意在每天八小時之外再花大量時間經營副業，或許你的副業可以很快達到能讓你離職的穩定度。紐約的 Susie Moore 早上上班前寫文章，晚上下班後與客戶開會討論，顧問的副業維持了

一年半達到穩定之後，她辭去了年薪五十萬美元的工作。你有這樣的衝勁嗎？

不論你決定慢慢來還是破釜沈舟，重點是你要開始。

既然永遠不會有準備好的一天，不妨就且戰且走吧！

這是另外一個常見的錯誤，尤其在有完美傾向的人身上常常看見：「等準備好再開始。」這些人會說服自己——能力還不夠、時機不對、還有時間。但事實上是，你永遠不會有準備好的一天。這個心理背後不外乎兩種狀況，一是其實你沒有這麼想要，二是你太害怕失敗。

第一種，我想你也可以立刻想到自己身上的例子，想做一件事情很久了，卻遲遲沒有開始。我呢，從我外甥女還沒出生時就在喊說要學西文，到現在外甥女都跟她爺奶對答如流了，我還是要一直請我先生翻譯。因為我根本沒有真的想開始學，即便我語文學習的 app 下載了三個，還買過兩年西文線上課程。（就像我妹的書櫃

上也充滿了裁縫打版書，但她目前還沒縫過比束口袋或抱枕套更進階的作品。）你可以靜下來好好順過一遍「你為何想要做這件事」的理由，就像要養成一個好習慣，如果你知道並能說服自己為什麼該這麼做，你更有可能付諸行動並堅定維持。

第二種，你害怕失敗，可是沒有嘗試就沒有失敗，你不會被傷害，但你也永遠不會成功。臺灣的父母有這個教育傾向，讓孩子覺得失敗是一件不可饒恕的事：一旦失敗一次，你就毀了。我最近才驚覺我們家似乎也深受這個思想的毒害，但這個恐懼百害而無一利，除了在嘗試與挑戰上會變得膽小以外，一旦受挫了便容易一蹶不振（後者特別危險，我深感自己至今沒長歪，或許是因為很幸運地還沒受過重大挫折）。有些人甚至會故意不盡全力，所以他們能把失敗歸咎於「懶惰」「不努力」，深怕被否定的是自己本身的價值。如果你發現你刻意逃避一個推銷自己的機會，你很可能有這樣的傾向。

我們把失敗的分量看得太重了，但其實你更應該看重的是「錯過」的分量。

你曾經有這個可能，但你沒有去試，所以你永遠不知道如果你去試了會得到什麼樣的結果。得失心不用這麼重，只要去嘗試，就可以保有希望，可以期待好事發生。但好事沒發生也就罷了，就算失敗了也不會怎樣的，失敗了就失敗了，就換個方向再試。

　　當然你不能只有一〇％準備就往前衝，可是你也不用等到準備九十九％了才行動。不管是 N 還是 P，即使抱持著兩種完全不同的信念，或快或慢，他們都清楚地往想要的方向前進，最終走向自己的成功。不管你是相信「去做就對了」，還是「等待、謹慎，優秀需要時間」，你都是對的。但只是把方向盤轉向要的方向是不夠的，你還得踩踩油門。

　　既然永遠不會有準備好的一天，不妨你就且戰且走，直接上陣再一邊調整吧！

04
自由工作者的必要技能：
時間管理

前面有提到，因為自由工作者的生活與工作是難以分割的，所以如果沒有掌握好時間安排，後果會比一般上班族還嚴重，你可能會把日子搞得一團混亂。相反的，如果你的時間管理技能優秀，你不只能完成很多事，還能保持輕鬆愉悅的心情。

我想一般的自由工作者可以分成兩種典型，一個是規律工作者，一個是最後一刻衝刺者。我強烈推薦前者，如果你天生傾向後者，請往前者努力學習。

規律工作者 V.S. 最後一刻衝刺者

規律工作者會把工作與生活盡量形成一個固定模式。

一天之中哪一個時段畫案子，哪一個時段畫自己的創作，哪一個時段純屬生活；工作的地點如果設定在書房，就不會在床上工作，以進入書房做為切入工作模式的開關。他們雖然不用上班，卻仍然規範自己一個「上班時間」以維持自律，不少自由插畫家甚至同樣比照朝九晚五的工作時間，「下班」了就不工作了。這種類型仰賴規畫與時間表，一步一步穩穩地完成案子，只要能規畫出個合理執行的時間表，就不用擔心壓力累積的問題。

最後一刻衝刺者則剛好相反，沒有任何固定模式，時間安排充滿彈性，唯一的限制就是截稿期限，經常在截稿期限前才趕得昏天暗地。這種類型如果要能好好地完成案子，需要仰賴的是對自己能力與需要時間的了解（我的確能在一天內完成這個任務，所以我留到最後一天再做也來得及）。很不可取，但拖延症的確是在自由工作者，尤其是創意工作者中常見的毛病。

我跟 Ricardo 剛好是兩種相對類型。Ricardo 因為畫得慢，從來就不敢留到最後一刻，總是將計畫列好，按表操課。所以一週之中，他會相對規律地每天固定工作

時數，穩穩地執行。反之，我因為作畫速度比較快，經常把事情拖到最後一刻再集中解決，雖然理論上來說，只要你有本事順利交出案子，不管什麼方式都可以，但總壓到最後一刻的工作模式，長期下來並不健康。我想我有資格談談這點。

乍看之下，我好像工時比較少，放鬆的時間也比較多，但因為心裡多少還是掛念著截稿期限，在休息的時候並無法做到真正放鬆。雖然集中趕稿的時間確實壓力更大，但截稿期限前，沒在趕稿的日子壓力也不是零。時間一久，我漸漸認知到的是，我長期處於一種低量但持續的壓力之下。就像橡皮筋長時間維持些微的拉展也會彈性疲乏，我會覺得有點悶，覺得不舒暢，甚至心情上也總是維持著五％的焦慮。

因為我是更需要仰賴環境來協助自律的人，不像 Ricardo 只要有計畫表，他的執行力是可以依賴的，某種程度上我們之前一直移動的生活方式並不利於我維持固定的工作時間，反而強化了我最後一刻衝刺的模式。短期下來沒問題，我短打衝刺的能力還是可以帶我披荊斬

棘，但長期下來，我累積的疲勞難以消除（所以游牧的生活很看人，你適不適合游牧不只看你的工作是否允許你彈性安排，也看你本身的工作習慣）。

要如何估算適當的工作量？

實際上，兩種模式都有成功的插畫家與自由工作者，但可以的話，盡量往規律的方向調整，能讓你走得更久、更輕鬆。就算是習慣拖到最後一刻的我，也希望在定居下來後能好好整理自己的工作表，將工作與生活的模式規律化。有規律的工作，即便一樣是截稿期限還沒到，一樣是稿子還沒畫完，心裡會是平靜踏實的。

除了每天的工作時間安排，如何估算適當的工作量也是自由工作者的時間管理重點之一。如果你已經規律工作，那估算的方式很簡單，知道你每天工作幾小時，一個案子大概要花多久時間——這個你做久了就會知道自己的平均速度，像我畫多了，大概知道一張畫會花我多少時間，但我文章寫得不多，無法正確估算產出一篇

文章要花多久——你就能知道這禮拜是不是滿了、不能再接了，或是如果要加班，幾天幾小時是夠的。

急件費在這麼清楚的安排下也會很合理：如果我已經安排每天工作八小時，排滿了之後，你的案子照理要排到下下週去，但你這週就需要，我得「加班」額外增加工時才能幫你完成，或是排開其他工作幫你完成，那就像一般公司加班有加班費一樣，我合理加收急件費。另外，有些來聯繫的客戶好麻煩，遲遲不定下來。當你很清楚知道你的時間額度，你就可以告訴他：「要合作的話就快決定，不然我要把下週的時間排給另一個案子了，你們就要再往後排了。」對方通常就會有所表態了。

但如果你並沒有一個規律的安排，是不是就沒有辦法估算適當的案量了呢？的確會比較難，但還是有辦法大概抓個範圍。我覺得留學插畫時的學校作業就是某種了解自己能耐的時間規畫訓練，一般來說，想要輕鬆點，一學期會選修個三門課，還行的選四門，很拚的選五門，老師出的作業通常是兩週完成一份作業，第一週提交三到五款草稿，草稿確定後第二週完稿。換句話說，我大

概知道如果同時接三個案子，都是兩週後要交完稿的，我處理得來。如果其中有一個案子三週後才需要交，那我可能還可以接第四個案子。以這樣的對照去比較，當作學校作業一樣，估量這案子大概是幾份作業的量，然後像是交作業一樣在期限內完成案子。這種換算法很適合剛畢業的學生抓個感覺。

記錄自己的工作時間，別被時間囚禁了

另外，既然沒有上下班打卡，也沒有明確休息時間，我們一週到底工作了幾小時就是需要特別記錄才會知道。沒有在學校訓練過的人，也可以透過記錄一週的工時來了解自己需要花多少時間、做多少事。有一個記錄時間的網頁工具非常方便，叫 Toggl，強烈推薦給想要自由工作的大家。Ricardo 是個有點抗拒科技的人，但他一用 Toggl 就愛上了。

當你開始工作時，就按一下 Toggl 計時，這個工具可以讓你細分專案跟客戶，還可以團隊合作（只是我一

直單打獨鬥，目前沒用過這個功能），在報告中以週、月、年顯示，讓你一目了然這週的工作時間都花到哪去了。用這樣的紀錄工具，你會實實在在地記下真的有在工作的時候，不像去辦公室上班，你偷偷聊天、摸魚上網偷閒也是一樣算在八小時中。自己在家工作的時候，有在生產才按計時，想休息了就按暫停，你會發現感覺從早到晚辛勤工作了一整天，實際上記下的工時可能才七小時。所以你衡量工作是否有超量的標準，不能是比照上班族的一週四十小時。你可以試著記錄一週後，感受一下這一週是否精疲力盡？是否游刃有餘？然後就會對你舒服的工時是多少有個概念。

我不喜歡真的依照實際情況列專案，比方說直接將「冬眠繪本」設成一個專案項目，因為這樣會有太多專案。我的做法是將「專案類型」設成專案，比方說「書籍」專案，而「冬眠繪本」則會記在書籍專案之下，但標注冬眠繪本。

這是幾種我有設的專案類型：

1. **書籍**：繪本、出書等自產內容的專案，因為我想往繪本走，所以特別拉出來記錄。
2. **授權**：已有的插畫作品授權製作商品之類的。
3. **其他案子**：大部分的委託案。
4. **自己的創作**：通常一時不會換成收入，塗鴉跟自主創作專案都屬這類，用於經營社群。
5. **管理**：收發 email、po 文、回覆社群留言、更新網站等等，意外地很花時間。

　　當你開始記錄工作時間後會發現另外一件事：工時長短跟效率是兩回事。

　　有可能你上週只工作十小時但完成了很多事，也有可能你這週工作了三十小時，但反反覆覆地在磨同一個案子。對自由工作者來說，效率才是重點，只要你這週末可以交出完稿，我才不管你是工作了三十小時還是三小時。高工時不一定等於高工作量，你在同一個案子上花了很多時間並不會有獎勵，反之只是壓低了你每小時的平均收入。

不要被時間囚困住。為了過自由的生活，記錄自己的工作時間，安排規律的工作與生活模式，了解自己的舒適工時，正確衡量合適的接案量。

05

在世界各地生活與工作，
接來自世界各地的案子

　　時間自由以外，地點自由大概是讓人最嚮往自由接案的特點了。除了第一個反應想到的「通勤距離便是從床上到書桌」這種不用早起上班的優點，放大來看，其實你根本也不需要在家裡。

不受地點制約的自由接案者

　　我跟 Ricardo 在世界旅遊的一年半間，一直持續在畫案子，聯繫大多透過 email，回應不用非常即時，通常一天確認一次信箱便足矣，當真的有需要即時討論的時候，我們也能跟客戶約時間開語音會議。檔案交件的時候也是，有太多例如 wetransfer、google dirve 一類的傳檔工

具，甚至其他更適合團隊合作（但我一直沒機會用）的協作工具，遠端合作技術上完全不是問題。大概有九〇％以上的客戶我們從來沒有跟對方見過面。這樣的特色讓我們得以在世界各地，與世界各地的客戶合作。

收到金曲獎第二十九屆的視覺製作邀請時，我人在烏拉圭旅行（位在南美阿根廷旁邊的國家），而大型的視訊會議上也有許多插畫家不在臺灣，從世界各地不同時區一同參與開會。當我與加拿大的 Roots 開會討論視覺概念時，我人在肯亞，幾天前才剛從大草原回來，會議結束又轉頭繼續跟在臺灣的合作夥伴討論分工細節。我們開線上會議，要換算時差是一件非常自然的事情。只要不是時效性急迫的案子，你人在哪裡工作基本上不是問題。

當然也有比較需要至少在同時區的案子類型，某一次我人在臺灣時，早上起床打開信箱，看到前一晚半夜有一封來自紐約時報的信，問我有沒有空接個刊物插畫。紐約時報的案子都很緊急，通常是當日結案，早上十一點前發案，下午三四點交草稿，晚上七點左右交完稿，

收到他們的信都要在三十分鐘甚至十五分鐘內回信，不然他們就會去聯繫下一位可能人選了。他們半夜發來案子，我早上才看到，於是我錯過了那次的委託。

不過這種緊急的案子占少數，如果不畫刊物插畫，你甚至不太會遇到。就算是其他刊物插畫，大多也有一、兩週的時間，完全夠你在世界任何城市接案。

你在跟全世界的人才一同競爭

不只是你「可以」接世界各地的案子，你也「應該」接世界各地的案子。

以插畫產業來說，雖然臺灣的環境有越來越好的趨勢，但礙於市場規模太小，很多缺點是沒有辦法消除的。比方說繪本，在美國出版繪本，書一鋪出去就是全美的書店跟 Amazon，美國多少人口、多少消費力，一刷就可以印臺灣好幾刷的量。插畫家在繪製完拿到的預付稿費基本上都可以有七、八千美金（約新臺幣二十到二十三萬元），最少也有六千（約新臺幣十七萬元），有時候

台北
TAIPEI
12
NEW YORK
TOKYO
東京
10
9
3
8
4
London
VANCOUVER
5
6
cinyee

甚至能到兩萬（約新臺幣六十萬元），而臺灣可能只能有新臺幣四萬五千元左右，不是因為臺灣出版社比較小氣，是因為臺灣一刷的本數規模就是這麼小。但不管是在臺灣出版還是在美國出版，插畫家投入在一本繪本中的時間和精力都是一樣的。

再舉一個例子：小眾的獨立風格。

在美國人口基數這麼大的市場，就算是「小眾」風格也有一定的觀眾量，但在臺灣，市場本身已經不大了，如果你又是小眾，那你的支持者很可能微量到根本撐不起你。這也是為什麼臺灣獨立創作者生存得如此困難的原因，不是因為臺灣獨立創作者比別人差，是因為市場撐不起來。要是讓美國的獨立創作者活在臺灣，估計也是活不下去的。

我相信不只插畫產業，很多產業也有類似的規模效應，這是臺灣天生的短處。如果你已經在以接案維生，擁有不受時間、空間限制的一技之長，那你更不應該將自己困在臺灣。我不得不強調英文的重要性，如果你想讓國外的客戶看到你、跟你合作，你得講他們懂的語言。

不用害怕也不用感到壓力，除非你的接案性質是顧問類，不然像插畫設計等技術類的服務，你不需要非常流利的英文能力，只要會基本溝通，足夠談價和確認需求，你想仰賴 google 翻譯是沒問題的。

當然你一個臺灣人想接全世界的案子，其他國家的人才也是。這是另一個自由接案市場的特徵：你在跟全世界的人才一同競爭。

紐約時報的藝術總監既然會發案給身在臺灣的我，同樣也會發給身在西班牙、英國、其他國家的插畫家。他們在找人才的時候，「人在紐約」甚至「人在美國」已經不是考量點，唯一的考量點就是你的東西好不好、適不適合這個案子。所以你想接世界的案子，只在臺灣脫穎而出是不夠的，跟全世界比，你也得守住自己的一席之地。你要有識別度高的個人特色，鮮明一致的風格，你要讓人記得住，當需要你的時候想得起你。

與其他國家的人談合作時，一個永遠棘手的問題就會浮現出來——報價。各國行情不同，客戶口袋深度也不同，我們該怎麼與不同國家的人談價錢呢？我想大概

有兩種報價策略。

我是插畫接案新人，該如何開價？

第一種是換算時薪，估算這個案子總共要花你幾小時，收多少你才不會虧。你要大概了解自己的時薪是多少，估算方式是你一年想賺多少錢，除以十二個月，再除以四週，你每週想工作幾天，一天幾小時，一直除下來得到你的時薪。

這裡要注意，你的估算不能當自己還是上班族那樣，一週估算工作四十小時：做為自由接案者，你幾乎不可能案子總是排滿滿，可以讓你一週工作四十小時。你有時可能一週要處理三個案子，有時一個月才兩個，你不能把「我總是會有工作」這種理想狀態做為估算假設。如果你以一週四十小時工時去估算你的時薪，結果實際上你一週只有十小時的工作，那最後你就會餵不飽自己。當然這是以一個成熟專業的工作者來說，如果你的技術很差，又一週只想工作五小時，年收入想要破百萬，這

樣估出來就不會是合理時薪,是妄想時薪。

第二種是參考美國的價位,再依各國行情去做比例上的調整。這個方法是基於在美國出版的第十五期《圖像藝術工作者手冊:定價與道德指南》(一本四十五美金左右,約新臺幣一千三百元左右,現在已有電子書版本),他們年年搜集各種案子的定價,給予分類詳細的定價範圍參考,也有合約與版權的說明等實用資訊,是自由插畫家的業內聖經。其他產業有沒有類似的定價聖經我不清楚,但原則上可以去看產業已經發展成熟的國家,查查看他們有沒有類似的透明公開資訊與調查,再以之做為基準,去因應不同國家的調整。

我會依據各國的人均 GDP 差異,再去跟美國的比較,來做比例上的調整,以此得出的價位至少可以做為議價的對話起點,我心裡也比較有個底。因為同樣的案子,美國假設出得起一千美金(約新臺幣三萬元),我不能要求臺灣也要出同樣價格,雖然我的工時一樣的,但這樣對口袋本來就比較淺的臺灣客戶不公平。然而我也曉得部分臺灣設計產業還是有點低估專業價值的傾向,

雖然這些年有越來越改善，但如果接受了過低的價格，對產業也是傷害。

那麼價格到底是過低還是過高，我便會用這些方式去當作基準衡量，雖然未必完善，但對我來說，至少還算有點依據。另外，有時候我也會直接承認對於類似案子經驗不多，還需要跟對方討論，用這種方式來探對方的預算。另外，雖然不曉得其他產業是否有協會提供諮詢服務，直到二〇一九年英國插畫師協會仍提供他們的付費會員定價諮詢的服務。後來好像因為有壟斷市場價格之虞，他們不再提供精確的定價諮詢，但仍然提供合約諮詢等服務，如果想粗略請教你目前的開價是否合理，他們也能提供一定的反饋。

以上給對於開價感到心慌的插畫新人做個參考。

做為自由接案者，接全世界的案子是再理所當然不過的事。你已不用受到時間與空間的限制，如果還將自己困於一處，就像明明有車的人卻還是總在走路十分鐘距離的附近找餐廳一樣，太可惜了，有車就拿來開呀！

06
在自媒體時代，
把自己當成是品牌一樣經營

　　藝術家在過去與現在有一個很大的差異：現在的藝術家必須得學會行銷自己。

　　網路改變了很多東西。過去的藝術家仰賴伯樂，需要有一個經紀公司發掘、投資，將之捧紅。入行的門又小又窄，但進門的人便代表擁有一定的資源，在沒有網路的過去，大家取得消息的來源就那麼幾樣：電視、廣播、報紙，藝術家成名了便是家喻戶曉。

　　現在則不一樣了，網路可以觸及到更廣、更多的人，卻也因此更難出現人人都認識的巨星。社群媒體使用的演算法，無法讓你接觸到同溫層以外的消息，讓你發現到處都是你不認識卻有上百萬個關注的網紅、你聽都沒聽過的名字卻有藍勾勾。藝術家們列一排，不再是數得

出來的二、三十位，是成百上千再乘以成千上萬。現在的藝術家們，想要達到過去巨星的高度……我覺得是不太可能了。

但網路也給藝術家們帶來了明顯的優勢：

一、創作與發表的門檻變得極低，我們不用再等待伯樂，可以主動出擊，自己就能累積觀眾。

二、將才能轉成現金的方法有更多的選擇，網路允許各種不同的收入來源成為可能，我們或許無法家喻戶曉，但累積到能養活自己的粉絲量遠不用到那種程度。

三、過去市場只能存在主流，現在各方獨立藝術家的創作也能在網路占有一席之地。

隨之而來的當然也有缺點，當大家都能發表自己的「創作」，在浪潮般一波一波湧來的眾多「自稱藝術家」當中，你要如何被看見？

要讓人對你印象深刻，就要懂得經營自己

不幸的是，如今許多優秀藝術家不太懂行銷自己，糟糕的藝術家卻對此充滿熱情。

—— 羅曼．根

如果你還抱著「推銷自己是很沒面子的行為，身為藝術家，我就該埋頭認真創作，金子總是會發光的！總該有伯樂會看見我的！」這樣的想法，很抱歉，現在資訊量這麼爆炸，你很有可能還真的不會被發現。如果你覺得自己的東西真的很好，那你就更應該用力地讓更多人知道你的存在。

擁有人氣對自由接案者來說特別重要。有一定的知名度與粉絲量，比起沒人知道的無名藝術家，即便作品水準高低一樣，價碼也會不同，前者會更有議價能力。但行銷能力遠大於專業技能的人要小心落得空有包裝，卻沒有實力的窘境……如果不小心落入了，趕快趁大家還沒發現時讓實力跟上！

很多剛起步的自由接案者會到外包網上找案子，或是到接案人才網上登錄自己的檔案，但這種管道通常只會有低價且難度不高的案子，客戶在瀏覽人才的時候，比較的可能是誰的時薪更低、更便宜。案主不會在接案人才網上找到高人、客戶想要很專業和高端的成品恐怕也不會發包到外包網上，就像你在找律師的時候，不會比價選最便宜的，你會去找最可能幫你打贏官司的。

　　在旅行的途中，我們也遇過一些自由接案者，我記得有一位在聊天的時候知道我們是自由插畫家，便問我們用過某個接案平臺嗎？我說我們從來沒用過，他很驚訝地問我們是去哪裡接案子的？我回答：「我們都是好好經營社群，然後就會有客戶發案子到我們信箱。」其實我那時候也很驚訝，原來自由工作者還有這樣上平臺找案子的。大概是從學校出來，學長姐都是走「經營社群，等收信」這樣一條路，我從沒想過自由插畫家還有別種走法。而那些平臺我看過，都是削價競爭的市場。

　　所謂經營「社群」，只提到讓大家看到你的管道，真正要讓人對你印象深刻的是你要經營「品牌」。

雖然現在是人人都想當 youtuber 的時代，我卻不是很認同為了當 youtuber 而經營 Youtube 的人。這有點像當年部落格流行起來後，人人都想當部落客。Youtube 只是個管道而已，做為一個行銷工具，讓更多人認識你。而經營社群，你確實需要點魅力，但更要有乾貨。我一直覺得 youtuber 是個有點奇怪的稱號，就像我們沒聽過 instagramer、facebook pager，但我們聽過有在經營 Facebook、Instagram 或 Youtube 的插畫家。

　　把自己當成一個品牌來經營，網路上可以找到很多要點與祕訣，我就分享一些我特別有感的吧。

如何把自己當成一個品牌經營？

一、把作品放到能被看見的地方

　　如果你的作品一直躺在硬碟裡，是不會被看到的，而發到錯誤的地方也不會被看到。我有一個系列作品，畫的是二十四節氣動物化，那是我在二〇一四年初完成

的，做為申請學校的作品集之一。完成的時候其實有發在當時在玩的噗浪上，之後就去留學了，直到畢業時必須整理作品集跟網站，才把這系列又翻出來上傳到 Behance 上。

不同的產業各有不同的最佳曝光平臺，以視覺類作品來說，Behance 是全世界最大的作品集平臺，發上去後沒幾個月，我的追蹤者飛速成長，一查之下才知道，我的節氣動物先後被中國的設計微博大號轉發，接著臺灣也跟著轉發了起來，忽然間許多客戶上門，是看到我的節氣動物想來委託我作畫。那時是二〇一七年了，我三年前就畫好的作品，三年後才忽然大紅，是因為我三年後才將作品發在能被看見的平臺上。

另一個大家認識我的作品是繪本《青春之石》，也是一個差點死在硬碟裡的作品。那是我留學插畫的畢業製作，但畢業之時因為客座指導教授給的迴響不好，我原本沒有打算嘗試將之出版的。但一樣因為要整理作品集時，我將它上傳到 Behance，後來以藝文為主軸題材的媒體 Fliper 看到了，找上我並希望將《青春之石》集資

出版。我當時想，反正不集資也是躺在硬碟裡，就試試看吧！結果集資大成功，集資後還順利商業出版，讓我拿到好多臺灣出版社的聯絡方式，這本繪本還讓我在二〇一八年得到了好書大家讀年度最佳繪者的殊榮。

你的東西如果沒有放在能被看見的地方，那沒人找得到你也只是剛好而已。同理，如果想要進入外國市場，就要以英文曝光自己的作品，使用外國人會接觸的管道（Facebook 也只剩臺灣人在用了）。

二、確保對你有興趣的人找得到你

我跟 Ricardo 還在試圖從旅遊中採訪當地插畫家的時候，面臨到一個問題：人很難找。

我們從各種方向搜尋了，包含直接 google 城市關鍵字、Behance 設計者地點、採訪報導、Instagram hashtag 等等，有些人的作品可能很厲害，但他的作品網站就是沒有提到任何關鍵字，所以搜尋的時候就是找不到他。你是插畫家，你做哪種類型的創作，你在哪個地區，關鍵字都要標出來，盡量讓想找到你的人找得到你。

除此之外，有很多人就算我們找到了，成功進到他的作品網站，然後就卡住了：整個網站找不到他的聯繫方式。請各位接案者一定要記得把 email 放上去！放在明顯的地方，也把各種你有在出沒的社群軟體放上去！

　　再來還有一種，我想這種臺灣人最常見：取了一個很難被找到的筆名。

　　在歐美，插畫家一般都是本名上陣，看起來又專業又可靠，臺灣的創作者卻很喜歡起筆名。

　　筆名起得有氣勢又有識別度就算了，有些隨便到就像是沒預期自己有一天真能在這產業聲名大噪一樣，或是搜尋下去一定會找到別的東西的，例如饅頭、桃子，這種名字真的很難找到你啊！

　　我當初會起 Cinyee Chiu 這個名，也是為了能容易被找到。

　　我本名的英文寫法是 Hsin Yi Chiu，一來 Hs 開頭簽名有夠難簽，二來這個發音實在是太菜市場名了，搜尋下去絕對會出現一堆不相干的同名人，所以我硬是湊出發音差不多的 Cinyee（因為還是想讓同學們叫我的名字，

而不是 Gail、Abby 那種另外硬取的英文名……印度跟韓國同學都讓我們叫他們本名了，臺灣名字有什麼難的？）如果搜尋 Cinyee Chiu 一定能找得到我，甚至不用加上 illustrator。

　　如果你享受創作，想要有朝一日能靠接案創作維生，但又很怕人群、很不想紅（我曾經是這樣，兩度在關注者達到兩千人的時候關帳號），你得早點認清一個事實：你想走自由接案，你就是得站在眾人面前，你得讓你的名字被記住、被認出，這是不可避免的。請早點端正你的態度。

三、保持真實的自我是一件非常重要的事

　　如果想要跟你的粉絲建立比較深的連結，不能只是把作品貼出來而已，這麼做的話，他們除了按讚也不知道還能怎樣了。當然還是有只靠作品說話，分量就很夠的高人，但我等小輩只能靠各種方式將「關注者」轉化為「粉絲」，其中包括跟大家分享背後故事、更多關於你、你的想法跟態度，甚至許多人會利用限時動態分享日常。

這就像為什麼所有品牌都會有品牌故事與品牌理念：你在藥妝店眾多瓶罐中隨意看到一瓶包裝很漂亮的乳液，跟你在了解該乳液品牌所堅持的環保價值、使用有機原料，並能回收瓶罐再利用，兩者對品牌產生的認同與連結是有一定程度的差異的。所以當你不希望你的關注者只是個隨時能掉頭的路人粉，那很自然地你需要讓他們能更深入地了解你一些。

　　既然不能只是晒作品，需要讓大家多了解你，那你想要以什麼樣的形象展現於人前呢？你當然可以精心塑造一個女神／男神，享受眾星捧月，但除非你本來就是個真・女神／男神，不然要維持這個虛假的人設是很累的，你得時時小心人設不能崩壞（我們都記得人設崩壞、由紅轉黑的警世例子吧？）

　　身為自由接案者，你只要為你個人的對外形象負責，不用為一個團隊塑造形象，照理來講會輕鬆很多。最好的方式就是保持真實，如果你在你的個人品牌中能做自己，這是最直覺也最不會痛苦的方式，並且能真誠地與粉絲分享，你也能得到真誠的回饋。

四、不完美其實更能拉近距離

保持真實有時候也意味著嶄露不完美，有些人會對這點心存恐懼。但我告訴你，比起完美的人，人們覺得有點缺陷會更加親切。這也不是說你需要開始大量曝光你的缺點，當然你還是該把你的優點放在最美的燈光下，但不用開美肌模式；對於缺點你也不用藏，誠實面對就好，但也不需要因為覺得自己有這些缺點而不值得現於人前。

舉個例子，我現在用的 Facebook 粉專是在 MICA 留學時開的，從我還在學插畫的時候就開始記錄，分享學校課程與作業。我那時候的作品絕對是不夠成熟的，風格與技法都還在各種摸索、嘗試，有些人在這個階段會覺得還沒準備好，要等到養出招牌風格之後再開始經營。也不是不行，這是兩條不一樣的路，那樣做有那樣做的好處，而走我這條路的好處是，觀眾是一路看著你成長上來的。你成長的過程，他們參與其中；你有過的掙扎與榮耀，他們都一同經歷。他們見你漸漸嶄露頭角，感覺與有榮焉，甚至會認為能塑造出今天的你，他們也幫

忙搬過一塊磚、添過一片瓦。你的不完美，反而讓他們覺得更有共鳴。

　　學習如何經營自己的品牌不是個容易的課題，我也還在學，不過一起加油吧！努力在自媒體時代存活下來！

自由工作適合你嗎?

你能接受不穩定的收入嗎?

去上班吧!

| 我有大筆固定支出,我需要有每個月的穩定收入!

| 我可以承受偶爾饑荒、偶爾盛宴,
  但我喜歡「賺多少錢由我自己決定」的概念。

在意工作福利嗎?

| 我……我可以自己投資,打點我的退休金!

| 我想要帶薪假期、退休金計畫、健康保險、績效獎金……

你得進個有制度的公司

關於工作成就感跟滿意度

| 我想完全發揮我的創造力,想自己做決策,執行我的理念、價值與熱忱!

| 還好啦不是這麼重要,我可以當小螺絲釘。

你還是有機會找到你愛的公司與職務

那你想在哪裡工作呢?

你享受辦公室生活

| 我想要有同事,想要面對面共事與開會,通勤也沒關係。

| 你管我在哪工作,我也不介意與世隔絕。

其實你想念人群的話也可以去共同工作空間

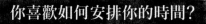

你喜歡如何安排你的時間?

我喜歡隨當下心情安排,喜歡在人很少的時候逛賣場、在離峰時刻搭車,也不介意偶爾需要挑燈工作。

我覺得每天上班八小時,有明確的下班時間,有週末這樣挺好的。

打卡制度適合你

那還是待在公司安全

起步的黑夜階段你熬得起嗎?

不行,我有債務,或是我習慣了現在的消費水平,吃不了土。

可以的,我準備好夠燒一陣子的老本了,也能吃苦!

你願意學習各種新事物嗎?

我喜歡學習!技術、溝通、行銷、公關,我都可以學!

太麻煩了,我不能做好我的技術工作就好嗎?

當個僱員的話你可以的

你對於負責的看法?

聽命於人其實心理壓力也會輕一點

交給我的工作我能好好執行,但我需要被安排工作。

我能為自己負責,不用一個老闆指揮我,我也喜歡解決問題。

你可以試試自由工作,我想你會喜歡的!

今天不是週三?

07
給想當自由插畫家的人的建議

　　我前面盡量寫得比較適用於大部分的自由接案工作者（雖然舉例難免偏向插畫，畢竟這是我的本行），但除此之外，我其實還有其他要點想跟有興趣成為自由插畫家的你說。

一、自信的量要剛好

　　前面我曾講，事業剛起步的時候，若自信心不足，你會無法撐過起飛前的長跑，但是如果自信太多，那也會是很大的問題，因為太自負的人是難以進步的。你會誤以為自己很強，別人不找你都是因為他們瞎了眼，別人批評你都是因為見不得你好。如果你的案源已經穩定了，這樣認為，傷害還不是很大，但如果你的收入還處

在掙扎起伏的狀態，很有可能是因為你的程度不夠，而你的自負讓你看不清這一點，錯失了積極進步的機會。

剛好的自信量是任何階段的自由插畫家都需要保持的。即便是接案多年的插畫家都偶爾會有自信太多或自信不足的情況，而自信不足的時候，常常會出現「冒名頂替症候群」的症狀──我們會覺得目前外界看到的成功，事實上只是美化了我們的能力或是努力，我們其實沒有這麼好，一直擔心著總有一天會被人戳破自己其實是個騙子（哎，這也是為什麼我這本書寫這麼久的原因）。但事實是，大部分的人多少都曾有過自己是冒牌貨的想法，而很多時候，你絕對撐得起外界認可的成功，只是你有點接受障礙。認知到這點，認知到很多人也自以為是冒牌貨，你會忽然覺得好過一些，不會一直被拖進自我懷疑的負面情緒漩渦中。

如果你相信自己有好東西，開發的商品與服務是出自一片真心善意，那你就有義務讓更多人知道它的存在。

有些需要這東西的人還不知道你擁有它，而讓他們認識你的商品與服務是你的使命。

二、作品集要寧缺勿濫

　　一個剛畢業的學生比較容易犯的錯，就是把所有作品都一股腦兒丟到網站上。這當中主要犯了兩個錯誤：一是當作品的程度參差不齊的時候，你反而暴露出了你的實力不穩定。當客戶翻到你的作品集，他怎麼知道僱用你之後，出來的結果會是一百分的成品，還是六十分？如果你只有十五件優秀作品，就放那十五件，不需要為了看起來比較充實就又硬塞十五件不怎樣的作品，反而會讓你的作品集看起來不夠專業。

　　第二個錯誤則是方向太雜。雖然你可能想要展現什麼樣的案子你都能接，於是把插畫、動畫、雕塑、排版、攝影各種類型都放上去，但實際上客戶不會因此什麼都找你做，除非你是真的各領域都很厲害，並有一定的量的作品能撐起令人信服的實力。通常新手也可能會一口氣展示出好幾種不同的畫風，以顯示自己什麼樣的需求都能勝任，但就像經營 IG，大家永遠都會叫你統一出一致的視覺風格，如果你的視覺不統一，不僅看起來不專

業，大家也更難記住你。而且，如果你把其實不那麼喜歡的風格也放上去了，哪天客戶指定要那種風格，不是讓人有點為難嗎？同理，一開始新人還沒有穩定收入，對於案子會比較不挑，但當漸漸做起來後，要更加分得清「單純為了賺錢」而接的案子，與「可以放進作品集裡」的案子。理想狀況是只接「能賺錢又能放進作品集裡」的案子，如果不能放進作品集裡，除非報酬夠優渥，不然就別浪費時間了。

三、目標是「有趣」，讓你一直樂在其中

有句話說：「擇你所愛，愛你所擇。」反應在接案人的日常裡，也是個挑案子的好原則。一個專案要能引起你的興趣，你才能有動力，才能把它畫好。如果一個案子讓你提不起勁，難免會抱著有點敷衍的心情去執行，那做出來的成品必定平庸。反之，如果每個案子你都抱著「這是要放進作品集裡」的心態，甚至是「這是要得獎的作品」的心態，如果你能覺得這個工作很有趣，你

的創造力跟想像力才有發揮空間，才有機會做出佳作。

　　讓你對專案保持熱情的祕訣，就是找出這個案子令你興奮的有趣切入點。Roots 委託我畫紙袋包裝，其實完全可以丟幾個重複的紋樣上去就好（其他受邀插畫家也確實有人這麼畫），但我覺得如果畫成左右可以相接的連環圖很有趣，我就這麼做了；第二十九屆金曲獎的動畫，我想著如果能用抽象的插畫線條擦出人物照片會很有趣，我也這麼做了。我留學前畫的節氣動物，也是因為覺得如果把農作元素融進動物角色設計會很有趣，最後這作品竟成為我的代表作之一。刊物插畫常常得處理一些又硬又無聊的主題，但如果想著要畫出一張不僅能搭配文章，還值得掛在牆上的作品，就會被激起躍躍欲試的挑戰心。

　　接令你興奮的案子，或是從無趣的案子中找出有趣的角度。說真的，要是連自己都無法感到興奮，成品又如何能打動人呢？好好地完成一項工作，其他工作就會自己找上門來。

四、要有自主發展的項目

　　接案人（尤其是生意好的）經常會忽略這件事，他們會忙著趕一個又一個的案子，為了一次又一次的單筆進帳，但替客戶畫出來的東西，很難有除了填充作品集以外的積累，大部分的時候，收入跟發展性在結案之時就結束了。這是自由接案人這個職業的一個盲區：你事業越成功，你會越忙碌，你每個成功的案子會為你引來更多支付單筆報酬的客戶，但你一不工作便又沒有酬勞進帳了。

　　我的兩個最廣為人知的作品，節氣動物組圖跟《青春之石》繪本，都不是委託案，都是我自主發展的項目，一個幫我打開了插畫生涯，一個成為我第一本出版的繪本。有些項目最後的結果不一定如一開始想像，也有什麼結果都沒有的時候，但只要嘗試了，就多少會有些積累與反饋。我曾經為了練習刊物插畫徵過文章，因為好文難尋，誤打誤撞也開始自己找題目來寫，雖然後來沒有再特地練習刊物插畫，文章卻吸引到了出書的邀稿。

自己的項目不像客戶的通常止於結案，通常更有機會有其他發展性，而這些發展性有時能帶來持續的進帳。

　　除了發展性以外，替客戶畫出來的作品也比較難表現自己做為藝術家的身分。這不一定是每一個插畫家的追求，但我會希望自己不僅僅是「高級打工」。插畫家的能力是以視覺方法替客戶解決問題——刊物插畫要能吸引讀者閱讀並表現出文章概念、包裝插畫要能替商品加分並吸引購買、繪本插畫要能與文字相輔相成……但除了視覺美感之外，還是透過自己經營的項目，更能傳達我們做為藝術家、對這個世界的看法與我們的哲學。藝術家是吸收了他對這世界的了解，對內在自我的了解（這同時也就是「世界」），並將之轉化表現出來的人。我想這是插畫家做為一個品牌開始變得鮮明的時候。

五、不要免費工作

　　電影《黑暗騎士》裡的經典對白：「If you're good at something, never do it for free.（如果你很擅長做某事，

那就永遠不要免費提供。）」做為插畫家，畫畫就是我們的生財手段，你如果不會進到理髮店要求設計師免費替你剪髮，或是到咖啡店要求老闆免費請你一杯，那就不要答應別人請你免費畫一張圖之類的要求。

　　我們有時候會遇到一些比較不了解產業的個人客戶，詢問是否能試稿或是先看草稿。他們的想法也可以理解，如果不是想要占你便宜，就是覺得無法想像成品，希望能先看看會得到什麼樣的成果再決定要不要付費。說實話，作品集就是為了這個目的而存在的。作品集就是讓藝術總監、客戶看到他們能「怎麼用你」，這也是為什麼你的作品集網站應該要分類清楚，並避免發展出多種風格，因為這樣會讓他們難以想像最後能從你這裡得到什麼。

　　如果客戶覺得必須試稿，你可以告訴他你的試稿費用。這就像是你去印刷店，不確定要用哪種紙張，店家會以折扣價格提供試印服務，當你確定了要印的紙張種類，再以定價去做大量印製。因為就算是試印，店家也還是要花費紙張跟墨水的成本，同理，就算要試畫，不

管客戶最後要不要買，你都還是得花時間心力。

　　就算真的確定要合作了，也要先收首款再動工，千萬不要東西都做完了才去討錢（除非你跟對方很熟，信任對方到你願意擔這個風險）。有些客戶在你還沒完稿的時候，聯繫得很勤，你一給檔就消失，如果都把檔案給人了才去討錢，有時候會討得很艱辛。

　　另外一點需要在合約裡註明的是 kill fee，如果合作到一半，客戶決定停止合作，你截至當前所做的努力不能沒有回報。如果是草稿階段喊停，你可能收一半費用，如果是完稿階段才喊停，就算客戶決定不採用也還是該付全額。這就像你婚宴訂了五桌，餐廳都依人數準備好食材，都料理好了，一桌人忽然打消念頭不去了，難道就可以只付四桌的錢嗎？不行的，你如果已經把你的工作做完了，客戶才忽然決定停止，你該拿的還是要拿到。

　　你要先尊重自己的作品跟勞動成果，別人才會給予同等的尊重。

Chapter

4

———

啟動

過去的你已該翻篇了，

現在開始是全新的一章。

01
切換思維前後的我

　　薛丁格的貓在盒子被打開之前，同時存在活著與死亡的狀態，但當盒子被打開的時候，透過觀察者確定了其中一個為現實，但另一個也是現實，只不過是平行世界的。

　　人生也是這樣的吧？是不是同時存在多種可能的你，從窮困潦倒、婚姻不幸，到心靈與口袋都富足快樂。

　　每一次你的決定與想法，會在一個決定狀態的交叉口確認當下的現實。從現在開始看出去的未來是個樹狀圖，不要覺得「我怎麼可能能夠如何如何」，其實就有一條樹脈是連到那個可能的。

　　我是這樣想的，相信什麼，生活便會發生什麼，我們的心念會將我們牽引至相應的現實。

遵從自己的內心，做喜歡的事

我在開始追尋自己想要的之後，人生發生了極大的轉變。

我可以想見我原來那一條路繼續走下去會是什麼樣子，回到當時的我，也絕對無法想像我現在過的生活。我感覺我在樹狀圖上有一個跨度不小的跳躍，跨度之大到我覺得自己的人生曾有過兩個我，而且兩個我抱持著完全不同的思維模式。

兩個思維模式的不同，簡單來說，一個是封閉型思維，一個是開放型思維。

過去的我會自我約束在框架之中，什麼該做、什麼不該、什麼是可能的、什麼是不可能的，我深深相信我的選擇有限，因為其他選擇都太荒謬了。

現在的我不拒絕任何可能性，對於選擇，我只依循一個原則：這是我想要的嗎？

我不考慮可不可能，因為當然都是可能的。

我只需要把我想要的可能列出來，然後專注其上。

你也是一般人類

當然不是一夜之間就改變想法。

尤其我是一個這麼固執的人，當我堅持一個想法，生活必須用很大的力度搖我，才能把我搖醒。

這本書是我對於這個過程的回顧與總結，而回想起一切變化的起點，便是當我開始從心的時候。

我以為我是冷靜理智的，一切安排該合乎邏輯，然而我的心搖晃我的程度之劇烈，擾人到我覺得忽略它是不理智的行為。

第一個出現這樣情況的時候是決定往畫畫前進的時候。

插畫是我的熱忱，轉入插畫後我也確實感受到「這是對的」，像是拼圖「喀」地一聲，被好好地安進槽裡。

雖然如此，畫畫卻未必會是我的終身熱忱，我也不為此感到焦慮。我允許我的熱忱變動。

但對我來說，插畫確實是負責啟動這一切的關鍵熱忱。

在啟動之後，一切改變便是自然而然且令人舒適的。我先是允許自己考慮以興趣為職涯方向，思維漸漸地從堅守的安全區外移，接觸插畫圈，讓我的想法更有生命力、更有玩心，接著我接受異國戀情，我腦中對「不可能」的信念漸漸瓦解，我嘗試游牧世界的生活。

在旅行中我被磨得更佛系，更加隨遇而安，因為意外太多了，不得不心大，對於改變也抱持著非常開放的態度。

我學到 never say never，因為其實沒有什麼是真的不可能的。比方說，向來自認只會畫圖的我，現在居然也寫書了呀！

遵從自己的內心，做喜歡的事，然後漸漸地實現理想的生活。

如果你的想法維持不變，允許自己的可能性只有僵固的那幾條，那你基本上大概就會照著過去一路走來的航道前進。

你以為賈伯斯或 Lady gaga 是進化人種嗎？

不，他們僅僅是一般人類而已，只是他們在平行世

界的樹狀圖上，一路切向閃耀的自己。

好消息是，你也是一般人類。

02
闔上書本之後，換你說你的故事

　　這本書到底會被歸類為哪一類型的書，我不曉得，但很可能不是你看的第一本試圖告訴你怎樣改善人生的書。如果我傾囊倒出的各種心得有一點點幫助，那我很榮幸，與你有緣。但同時我也想告訴你，這種書看得再多，都不如你親身試一回。

　　就像我妹買了一堆縫紉書也不會因此變成縫紉高手，不如她真的試著縫製一件衣服看看。第一件一定不夠完美，但一回生二回熟，她會漸漸抓到竅門，從親自體驗中學會技術。

你相信什麼，什麼就是真實

　　我幾乎沒看過什麼勵志書，見過最勵志的例子就是

川普當選（這件事告訴我們，你要勇敢向你認為不可能的職位或任務挑戰！）我的人生哲學多是從親身的事件中體悟來的，之後偶爾會在書中看到符合我觀念的結論。

這樣的順序，比起看了很多書，然後被書中觀點說服，更能深刻地活在你的價值裡。

如果你發現你的書櫃裡，居然有不少教你怎麼活得更好的書，請仔細地審視一下自己，你是不是進了跟我妹一樣的誤區，以為多買縫紉書就會縫紉了，以為多看精彩的書，你人生就會跟著精彩了呢？

我知道你拿起這本書，可能是你在人生方向上正茫然著，也可能是你想要嘗試看看辦公室以外的工作模式，無論如何，我相信你是希望生命中出現一些改變，往好的方向。

但我卻沒有辦法信誓旦旦地告訴你怎樣做就能成功。

如果你相信埋頭苦幹，只要抱持信念，終能獲得想要的成就，市面上可以看到一堆有志者事竟成的書，甚至是吸引力法則的書；如果你相信要保持彈性、隨機應變，在靈活的調整策略中，不斷尋找市場的切入點才能

走出活路，那你一樣也能從架上找到一堆充滿佐證實例的創業教學。

我覺得看似矛盾的兩種策略都有豐富的成功案例，唯一的解釋就是：你相信什麼，什麼就是真實。

你相信你值得一個精彩的人生嗎？

把目光放回自己身上，換你說你的故事了

我當然是鼓勵你多去嘗試，大膽一點追求想要的人生，但也不希望你去試了，失敗之後抱怨「都是 Cinyee 叫我去做，我才會失敗的」，如果有人這麼說的話，我一定會大翻白眼。

如果你想要有自己的人生，當自己的主人，那最基本的原則是你要懂得為自己負責，包含所有重大決策。你可以因為聽了別人的意見而做出決定，但做出決定的人還是你。

如果你還是把從事不喜歡的職業歸咎到父母的反對上，或是怪家人的阻攔讓你困在痛苦的婚姻中，那表現

出來的就還是「你讓其他人幫你做決策」，你還是個寶寶。但如果是你自己做的決定，就算最後苦的是你，你也不應該怪別人。

好了，我希望在闔上這本書之後，你可以把眼睛放回自己身上，讓這本書成為你最後一本自以為是地告訴你該如何活得精彩的書。如果我有幸帶給你一點點靈感，那也是因為你剛好該接受到這個訊息，這本書只是一個媒介，作者只是傳話的角色，你才是重點。

我說完我的故事了，現在開始，該你說你的故事。

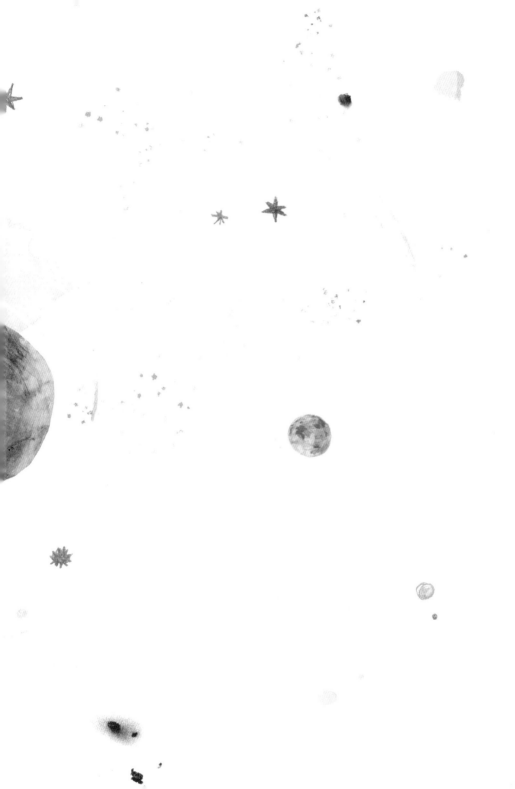

國家圖書館出版品預行編目資料

人生就求一次如魚得水：紐約金獎插畫家的自由生活提案／Cinyee Chiu著.
-- 初版. -- 臺北市：圓神，2020.03
240 面；14.8×20.8 公分. --（圓神文叢；268）
ISBN 978-986-133-711-1（平裝）

1.自我實現 2.生活指導

177.2   108022633

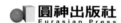

www.booklife.com.tw   reader@mail.eurasian.com.tw

圓神文叢 268

人生就求一次如魚得水：紐約金獎插畫家的自由生活提案

作　　者／Cinyee Chiu
發 行 人／簡志忠
出 版 者／圓神出版社有限公司
地　　址／台北市南京東路四段50號6樓之1
電　　話／（02）2579-6600・2579-8800・2570-3939
傳　　真／（02）2579-0338・2577-3220・2570-3636
總 編 輯／陳秋月
主　　編／吳靜怡
專案企畫／沈蕙婷
責任編輯／歐玟秀
校　　對／歐玟秀・林振宏
美術編輯／林韋伶
行銷企畫／詹怡慧・林雅雯
印務統籌／劉鳳剛・高榮祥
監　　印／高榮祥
排　　版／陳采淇
經 銷 商／叩應股份有限公司
郵撥帳號／18707239
法律顧問／圓神出版事業機構法律顧問　蕭雄淋律師
印　　刷／國碩印前科技股份有限公司
2020年3月 初版

定價 370 元　　　　　ISBN 978-986-133-711-1

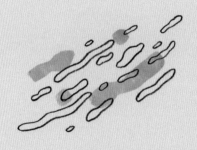

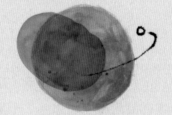